U0947932

Digital economy

The change of blockchain from virtual to reality

数字经济

区块链的脱虚向实

王　云　郭海峰　李炎鸿◎著

中国财富出版社

图书在版编目（CIP）数据

数字经济：区块链的脱虚向实 / 王云，郭海峰，李炎鸿著 . —北京：中国财富出版社，2018. 11

ISBN 978 - 7 - 5047 - 6785 - 1

Ⅰ. ①数…　Ⅱ. ①王…　②郭…　③李…　Ⅲ. ①电子商务—支付方式—研究　Ⅳ. ①F713. 361. 3

中国版本图书馆 CIP 数据核字（2018）第 256844 号

策划编辑　谢晓绚　　**责任编辑**　张冬梅　王　君

责任印制　梁　凡　　**责任校对**　孙会香　卓闪闪　　**责任发行**　董　倩

出版发行　中国财富出版社

社　　址　北京市丰台区南四环西路 188 号 5 区 20 楼　　**邮政编码**　100070

电　　话　010 - 52227588 转 2048/2028（发行部）　010 - 52227588 转 321（总编室）

010 - 68589540（读者服务部）　010 - 52227588 转 305（质检部）

网　　址　http://www. cfpress. com. cn

经　　销　新华书店

印　　刷　北京京都六环印刷厂

书　　号　ISBN 978 - 7 - 5047 - 6785 - 1/F · 2967

开　　本　710mm × 1000mm　1/16　　**版　　次**　2019 年 1 月第 1 版

印　　张　11. 25　　**印　　次**　2019 年 1 月第 1 次印刷

字　　数　151 千字　　**定　　价**　45. 00 元

前　言

区块链到底是什么？它为什么如此受人关注？在我们没有认清这个概念之前，产生诸多疑问是正常的。正如有人说："不知道区块链不是你的错，而是区块链还没有给人们带来直接的改变。"

区块链技术，似乎与40多年前的互联网技术一样，看起来很神秘，并引发了诸多猜想。一些行业领军者对区块链技术提出了自己的看法。阿里巴巴集团创始人马云认为，区块链不是泡沫，区块链是一个对社会、数据、老百姓、政府、企业等问题的解决方案。如果企业可以扎扎实实做下去，一定会带来回报。百度公司总裁李彦宏也非常看好区块链技术，他认为，区块链技术非常具有革命性，但处在非常早期的阶段。虽然区块链技术还没有被完全普及应用开来，但是其"潜能"已经表现出来了。新东方教育科技集团董事长俞敏洪也看好区块链技术，他认为，高科技、大数据和区块链给每一个行业都带来了翻天覆地的影响，原有的传统行业经过高科技改造以后，现在已经完全不一样了；此时正是民营教育的机会，尤其是民间的高科技教育公司。换句话说，教育行业似乎也可以借助区块链技术有所发展。中国平安保险（集团）股份有限公司董事长马明哲也曾宣布，中国平安将进军区块链领域。

区块链为什么能够引起这些大咖们的关注呢？这是因为区块链技术的五大技术特征：分布式计算、去信任、时间戳、非对称加密、智能合约。这五大技术特征能打破现有的传统技术壁垒，或者对现有的传统技术起到辅助和补充作用。比如，区块链与金融结合，将会优化现有的金融环境，并且在结算、清算等方面具有巨大的技术优势，消除跨境业务带来的种种不便，与此同时，还可以防范金融风险，提升金融服务质量和效率。如今，诸多商业银行已经开展了“区块链＋金融”的特色服务，并给许多客户带来了良好体验。

本书从九大方面详细介绍了区块链的技术特征、技术优势和应用方向，能够满足广大读者在区块链知识方面的阅读需求。另外，本书列举了大量案例，并结合区块链的技术特征进行分析，希望能找到一种“结合模式”，为许多想要进入区块链领域的企业、组织指明方向。

目　录

第一章

区块链技术的全球化

1. 区块链是一种技术

当今时代出现了许多流行符号，这些符号或许代表人类未来的发展方向。比如互联网，在人类历史上互联网是与蒸汽机、电力同等重要、具有改变人类命运的、跨时代的伟大发明。如今，人人离不开互联网，互联网几乎覆盖了全球人类居住的80%区域。比如大数据的应用。众所周知，数据只是互联网中的一个信息片段，这些信息非常多，它构成了互联网的“肉身”。数据有什么用呢？如果一个组织将这些数据收集起来，并且加以分析，就能找到重要的、规律性的东西，甚至能够直接创造利益。比如人工智能，这个概念被多次提及。人工智能似乎代表着“智慧世界”，而人工智能还可以被运用到多个领域，比如智慧家庭、智慧城市、智慧出行、智慧穿戴等。或许未来几十年，世界也将进入“人工智能”时代。讲到这里，我们发现还漏了一个极具吸引力的明星——区块链。许多人看到区块链，第一时间想到的是比特币。事实上，区块链技术可以被应用到许多方面，并非仅仅是开发代币这一个方面。

在这里，我们不得不提一个案例：玩客云。玩客云是个什么东西呢？讲玩客云之前，我们还需要提一下老牌的下载工具迅雷。玩客云是迅雷公司开发的一款智能硬件产品，这款产品可以帮助互联网用户全网猎取各种资源，并使用户享受4MB/s的下载速度。当然，玩客云并不这么简单，它更像一个“个人资源数据中心”，用户不仅能够享受他人分享的资源，用户自己也可以去分享资源。如果我们把所有的玩客云产品所构成的网络看成一个巨大的“区块链蜂巢”，其中的一个玩客云就相当于“区块链蜂巢”中的一个节点。

当今时代什么东西最值钱？资源！资源有两种，一种是正在使用的资源，一种是闲置资源。事实上，社会上的闲置资源数量恐怕要比正在使用的资源数量还要庞大。区块链拥有与互联网相同的一张面孔：分享与共享。为了鼓励用户们分享，玩客云提供了一种分享奖励模式，谁分享的有价值的资源越多，谁就可以获得更多的奖励。因此，许多玩客云用户纷纷共享自己的闲置资源，而这些资源能够产生巨大的经济效应，这个效应就是区块链技术带来的。

中华人民共和国工业和信息化部（简称工信部）在《中国区块链技术和应用发展白皮书（2016）》一书中这样定义区块链技术：“广义来讲，区块链技术是利用块链式数据结构来验证与存储数据、利用分布式节点共识算法来生成和更新数据、利用密码学的方式保证数据传输和访问的安全、利用由自动化脚本代码组成的智能合约来编程和操作数据的一种全新的分布式基础架构与计算范式。”也就是说，区块链是一种算法、一种新技术。

区块链是去中心化的。去中心化有一大特点，即省去了“中心化”处理单元的处理，因此就绕开了这一环节，一下子就缩短了商业路径，如直销，厂家直接对接客户，并将产品卖给客户。去中心化，可以降低交易成本，让厂家和客户分享所节省下来的中介费、管理费、人工费等。

缩短路径、降低交易成本只是其价值之一。事实上，随着区块链技术不断成熟，其可以应用于不同行业。例如，商业银行使用区块链技术可以大大改善交易流程，并在支付领域、清算和结算方面发挥重要作用，如降低对账成本，为商业银行节省一大笔开支。又如，保险业借助区块链技术让“保险”回归互助本质，并且能给保险业带来更多的客户资源，从而让保险公司对客户实施精准信息推送和产品营销。再如，区块链技术可以让大数据管理更加有效、透明，并且能够将所有的智能设备连接起来，并形成一个智能平台，这个平台也是构建物联网平台的基础。此外，共享经济同样可以利用区块链技术，云数据储存也可以利用区块链技术。一些组织开始借助区块链技术去投票，其投票结果不可更改，能够有效防止改票、一人多投等投票乱象。

有人说：“区块链是魔鬼，它不会带来什么好处！”然而，随着区块链技术的逐渐成熟和应用，其价值得到了有效证明。未来一段时间内，区块链的应用也将带来多方面的价值，如推动新一代信息技术产业的发展等。

2. 区块链与数字经济

提到“数字经济”四个字，人们首先想到的是数字货币。很显然，数字经济与数字货币完全是两码事。数字经济是一个经济学概念，是被数字技术化的一种经济类型。互联网时代，预示着数字经济时代正在来临。

数字经济是未来经济的一种形式，人人都会成为数字经济世界中的一部分。区块链技术的出现，对数字经济的发展起到了推动作用。数字经济有哪些特点呢？区块链技术在其中能起到哪些作用呢？

（1）数字经济具有快捷性。

众所周知，互联网将世界变成了地球村，信息传递、经济往来完全可以以秒来计算。例如：有人发现海外有一个非常好的投资项目，于是按照游戏规则随时参与投资。由此可见，数字经济是一种高速经济模式。很显然，区块链点对点的交易特点，能够令双方的合作变得更快，而且也更加安全可靠。换句话说，区块链能够帮助数字经济更加安全快速地发展。

（2）数字经济具有高渗透性。

杜甫在《春夜喜雨》中写："随风潜入夜，润物细无声。"互联网具有"春风"一样的特点，可以将触角伸到许多地方。绝大多数的行业都被互联网覆盖，甚至经营活动要完全依赖互联网。插上互联网翅膀的数字经济，自然具备高覆盖、高渗透的特点。数字经济已经渗透到多个行业，让诸多行业有一种融为一体的现象，我们可以用"跨界与融合"来形容。区块链这项技术，能够在互联网技术的先决条件下起到更好的补充作用，让数字经济的渗透性更为极致。如今，许多跨界合作的案例也是基于区块链技术得以实现的。

（3）数字经济具有外部经济性。

众所周知，数字经济还在高速发展。数字经济的发达程度与互联网上参与数字经济的用户人数有关。如今，参与数字经济的人越来越多，而且呈现出快速上升趋势。换句话说，有互联网的地方就有人参与数字经济活动。另外，参与人数越多，用户获得的效益就越多。区块链虽然是一种刚刚起步的新型技术，但是潜力巨大，对诸多行业都能产生重要影响，因此，区块链技术参与数字经济的建设是非常正常的，而且，数字经济的发展需要区块链技术的参与。

（4）数字经济具有可持续性。

如今，有一个词不得不提：能源危机。什么是能源危机呢？能源危机是指能源短缺或者价格上涨导致的经济衰退。当人们开始关注能源危机时，能源危机早已存在了。有专家认为："能源危机并不是采挖造成的，而是浪费引起的。"换句话说，无序开采、盗采，高能耗的生产，落后的技术等都会造成浪费。甚至有这样一句话："我们浪费的比使用的多。"能源危机引发诸多问题，如果不加以控制，还会引发更加严重的问题。于是，"可持续发展"这一概念出现了，饮水思源、有计划地开采、避免浪费等被提上了日程。数字经济对资源浪费、环境污染等有一定的制约作用。许多有志之士开始利用区块链技术对环境保护、资源开采与利用等进行监督。从某个角度来看，区块链技术与数字经济进行整合，能帮数字经济放大功能效应，起到更好的作用。

（5）数字经济具有直接性。

数字经济是基于互联网出现的，因此具有互联网的一些特点。互联网的出现，让消费者和生产者的关系更加纯粹。例如，食品生产厂会将生产的食品卖给经销商和代理商，经销商和代理商按比例加价之后，销售给消费者。换句话说，消费者从超市购买的产品可能已经转了很多手，原本 5 元的产品，到了消费者手里恐怕超过 7 元了。互联网出现之后，许多生产者通过互联网电商平台将产品直接卖给消费者，中间没有经销商和代理商，也就没有"中间商赚差价"这一现象。原本 5 元一袋的产品，在没有经销商和代理商的情况下，消费者可以以低于 6 元一袋的价格购买到。在互联网的作用下，经济呈现数字化、扁平化等特点，网络端点上的生产者与消费者可以直接联系，从而降低了交易成本。区块链技术的去中心化、点对点交易等技术特点恰恰能助数字经济一臂之力。

区块链不仅是数字货币的基层技术，而且是数字经济的发展基石。区块链具有非常大的应用开发价值，可以实现"数字资源"数字财产化，并加速数字经济的安全落地。

3. 区块链与资产管理

如今，人们的整体收入水平越来越高，因此，人们除了改善物质生活，还会对自己的资产进行科学管理。有人曾推广过这样一种理财方法，即把个人财产有效分为多份来扩大投资规模，减少投资风险。这样的资产管理安全有效。比如，某人用一部分钱购买房产，用一部分钱购买保险，用一部分钱购买商业银行（保险公司）的理财产品，将一部分钱投入股市（基金），将一部分钱用于固定存款，用一部分钱进行其他方面的投资……通过这种方式，其可以对个人资产进行科学管理和分配，并获得较为可观的收入。

许多人有资产管理方面的需求，因此有许多满足客户需求、为客户提供服务的资产管理组织，如商业银行、保险公司、资产管理公司等。这些公司或多或少依靠自己良好的信用背景来说服客户进行投资。如果公司的信用背景不够好，规模不够大，恐怕就没有客户吸引力了。

良好的信用背景离不开强大的中心团队。这个中心团队必须有相当强大的实力、能力才能支撑起整个组织的信用体系。例如，某资产管理公司为了改善信用背景，吸引客户，斥巨资建立了中心团队。这个中心团队中既有技术能手，也有负责各个环节的职员，另外还构建了强大的信息处理中心来对各种数据进行处理、检查等。中心团队越庞大，其信用度越高。换句话说，传统的资产管理企业是一种劳动密集型企业，信用背景完全是用大量的人力堆积起来的。因此，传统的商业银行或保险公司都有大量的员工负责与信用体系相关的工作。美国经济学家努里尔·鲁比尼博士认为：“科技就像海啸，将彻底改变金融服务的现状。

不能很好地使用新技术的公司将没有竞争力，大浪淘沙，很快就会消失。因为采用的是资本密集型技术，节省了劳动力，金融服务业中很多非高科技工种将被软件、机器人和机器取代。”

努里尔·鲁比尼的话不无道理，因为中心化处理单元确实是一个非常沉重的环节。它不仅需要大量的人力、物力、财力、技术能力去支撑、维持，而且会产生较高的中介费，对客户而言是一种负担。如果有一种技术能分担资产管理公司中的中心化处理单元的一部分任务，将会对公司的发展、转型起到非常好的支撑作用。众所周知，区块链技术系统是一个去中心化、点对点分布结算系统，不需要中心化外理单元。如果将区块链技术运用到资产管理中，资产管理公司就可以对庞大的中心机构进行“瘦身”，用区块链技术代替一部分传统的中心化管理技术。美国某机构对500家资产管理公司进行调查时发现，其中有225家公司实施了区块链技术，另外还有一些公司决定在未来5年内尝试借助区块链技术对原有技术进行升级。

国内某资产管理公司老板曾说：“资产管理有三大重要元素：效率、信用、省钱。”区块链系统中的点对点交易可以瞬间完成，比其他交易完成得快。区块链系统是去中心化的系统，提供的交易并不是担保交易，而是直接交易，且交易之后迅速形成不可删除的区块。事实上，这种“去信用”在某种程度上又是“讲信用”的，因为任何一次交易都不需要信用参与，只要交易双方约定好即可。区块链技术的运用，将会代替大量劳动力和中心化设备，从而大大降低运行成本，所产生的中介费用也将大大降低。因此，将区块链技术运用到资产管理方面，可以帮助资产管理公司实现“效率、信用、省钱”三方面的目标。

在金融科技界，许多大咖们基本形成了一个共识，即能够驱动金融科技进步的三大技术是大数据、区块链和人工智能。国内许多大型商业银行将这三者纳入经营发展战略，希望有效结合三者，形成一种新型经营管理模式。在这三者中，区块链是最特殊的一个。区块链技术不仅能够帮助商业银行等金融企业搭建起一个去中心化的可信任、可追溯、可查明的账本，而且可以借助特色算法解决多方互信问题。简而言之，就是："区块链技术不仅能够帮助资产管理公司节省成本，而且将直接参与资产管理运营，管理数据，改善数据质量，提供解决方案，为客户节省交易成本。"

4. 区块链与金融体系

一提到金融行业，人们立刻会想到商业银行等金融机构。以前，这些金融机构总是给人一种"垄断感"。银行是国家重要的金融机构，随着科技的进步、时代的发展，这个原有的、传统的金融体系正在接受来自各方的压力和考验。换句话说，危机正在靠近。

回顾历史可知，金融危机给社会、人民带来了巨大的痛苦和灾难。比如，1998 年的亚洲金融危机使东南亚多个国家受到冲击，原有的金融体系动摇了，许多学者对此进行深入思考，希望从中找到应对金融危机的办法，用来防御金融危机所引发的连锁反应。金融危机如同台风一般，一场台风过去之后，另一场台风正在酝酿，危机无法被彻底消除。甚至有人有了一种"返璞归真"的想法，即推翻现代金融体系，回到过去，按照原始人的交易方式重构金融体系。很显然，这种想法不可取。我们应该顺应时代潮流，借助新思维、新技术解决问题，构建一个崭新的、完善的、高效的金融体系。

当今主流的金融体系存在哪些问题呢？如何运用区块链技术解决相关问题呢？

（1）资源配置效率低。

传统金融体系容易导致资源配置效率低下，这需要从两个方面进行分析。

第一方面，储蓄投资转化率较低。通常来讲，民间资金转化为投资的渠道无非三种，即银行信贷、发行国债、股票基金投资。但是，由于资本市场缺乏规范与正确的指导，储蓄投资转化率低下。

第二方面，M2/GDP（广义货币/国内生产总值）比率偏高，反映出货币供应量增长速度超过了社会经济增长速度。那么，传统金融体系为什么会造成这种问题呢？因为中心化运行开支大，系统容易被攻击，且对外部环境不敏感。区块链技术恰恰能解决这样的问题，可以减少中心化机器运行的耗时、费力之缺陷，从而搭建起一个从中心化到分布式去中心化的运行架构，从而提高运转资源配置的转化效率，提高对外部环境的敏感性，继而提高资源配置效率和资源利用效率。

（2）融资结构存在问题。

当前，我国存在的融资结构的问题之一，是间接融资比例过高，而直接融资比例过低，因此，加剧了商业银行等金融机构的贷款风险。区块链所涵盖的共识机制、分布式账本、智能合约等，恰好能有效解决传统金融机构的信任问题、数据维护问题，帮助商业银行等金融机构对客户的相关信息进行审查、筛选，并对其进行长期监督。借助区块链，商业银行等提供间接融资服务的机构会抬高间接融资门槛，降低间接融资的风险，从而促进直接融资的发展，并使直接融资与间接融资保持在一个科学、合理的比例之上。

（3）金融中介效率低。

商业银行等国家支柱型的金融机构，通常将一部分功能分配给金融中介部门。换句话说，金融中介部门等同于商业银行的手和脚。如果金融中介的工作效率得到了提高，商业银行等金融机构的压力就会有所减小。另外，金融中介还能起到“筛选”的作用，帮助商业银行等金融机构把控风险。如今，许多新型金融中介开始借助区块链技术提高工作效率，解决数据孤岛造成的问题。而且，区块链技术能帮传统的金融中介跨入新的中介领域，继而提高工作职能。

当然，区块链技术尚处于“起步”阶段，我们不能将所有的希望都寄托在这一项技术上，而是应该想办法完善当前不完善的金融货币体系，健全法律法规建设，提高从业者的职业素质，才能从根本上解决当前货币金融体系存在的问题。

5. 各国对区块链的态度

任何一个新事物的出现，都会伴随鲜花和鸡蛋。鲜花即鼓励的声音，鸡蛋即批评的声音。那么，各国对区块链有怎样的看法呢？

在亚洲，积极推动区块链发展的国家为数不少。区块链这一概念在我国引起了多个行业的广泛关注，许多互联网界、商界大咖们对它有不同的理解。全国政协委员、腾讯公司总裁马化腾认为，区块链，技术是好的，但是怎么用好，是另一个方面。区块链技术不应该只用来制造数字货币，而应该应用到其他领域。百度公司总裁李彦宏认为，区块链技术非常具有革命性，但现在还处在非常早期的阶段。这告诉我们，应该用一种“长远的眼光”去对待区块链技术。360 公司董事长周鸿祎与李彦宏的看法相似，他认为，虽然区块链很热，但是还没有看到什么非用不可的场景。网易创始人丁磊持肯定态度，他认为，区块链本身是一种技术，这种技术本身没有问题，还能解决很多问题，应用场景很丰富、很广泛，其中一个应用是智能合约，其中放入生物信息的特征，就会解决人与人的信任问题。这些看法几乎代表了我国国内对区块链的主流看法，支持或持中立态度的人占据多数，提反对意见的人较少。很多人看好区块链，是因为它确实有不少优点。正如新东方教育科技集团董事长俞敏洪所言："现代连接是'互联网+人工智能'的连接，区块链的出现，使人与人之间的连接没有了中心载体，成为完全去中心化的概念。"新加坡金融管理局成立了金融科技和创新组，并针对与区块链相关的企业推出了"沙盒"试验机制，企业因此获得了极大的自由度。

美国对区块链有怎样的态度和看法呢？有一部分人支持，也有很多人反对。反对者主要看衰比特币，比如诺贝尔经济学奖得主约瑟夫·斯蒂格利茨认为："比特币对社会没有任何用处——除了规避合法性。"支持这一观点的著名人物还有很多。当然，这仅仅是代币方面的观点。如果抛开数字货币，只讨论区块链这一技术，许多大咖们则持肯定的态度，如摩根大通公司，该公司虽然看衰比特币，但是对区块链技术感兴趣，并且早已全面部署区块链技术的进一步研发。摩根大通区块链项目负责人安伯·巴尔特说："研究这项技术当然不会在短期内看到成效，我们更愿意把这项技术看作20～30年后的金融市场的基础设施，摩根大通的资产遍布全球，未来需要一个可靠的机制来保证这些资产的安全，这也是我们对客户的责任。"另外，美国国务院也支持区块链技术。美国常务副国务卿约翰·J. 沙利文认为："在公私合作中，区块链技术通过提高透明度，能够处理公共采购资金流程中的腐败、欺诈或资金挪用及效率低下等问题。"

在欧洲，德国人对区块链普遍持肯定的态度。据报道，德国德意志银行决定启用区块链技术，并将该技术运用到交易结算领域。该银行的一位负责人认为："我们预计区块链将持续改变公司的商业模式。区块链技术能够在没有中介的情况下，在个人之间更快、更便宜地交换资产和金融产品，从而减少个人之间的信息不对称。”德国国防部前部长卡尔－特奥多尔·楚·古滕贝格也持肯定态度，他认为：“区块链技术终将剔除中间人。”英国政府也非常看重区块链这项技术，甚至将区块链技术上升到国家战略高度。英国央行行长马克·卡尼认为：“在某些层面上，这些区块链项目是有吸引力的；人们将直接获得无风险的资产。然而，在极端情况下，区块链将从本质上重塑银行服务，包括大幅增加传统银行的流动性风险。”

综观全世界，区块链技术因为本身具备数据不可更改、信息公开透明、交易成本低等特点，而被世人看好。

第二章

区块链的发展与技术

1. 区块链的时间简史

任何一个新事物的出现，都有一个酝酿的过程，它不会凭空产生。例如，在货币出现之前，人类已有原始的交换，当这种交换越来越频繁和复杂，货币这一交换中介就出现了。区块链也是如此，不是突然出现的。

区块链技术是基于密码学原理而设计出来的，因此区块链的“时间简史”应该追溯到1976年。当时，贝利 · W. 迪菲和马丁 · E. 赫尔曼两位密码学专家联合发表了一篇名为“密码学新方向”的文章，促使密码学得到空前发展，而在此之前，密码由政府、军事等部门专用。密码学的空前发展，使日后的区块链技术得以成型。

1980年，梅克尔 · 拉尔夫提出了“梅克尔树”（也称“默克尔树”）的概念。“梅克尔树”是什么呢？事实上，它是一种数据结构，这个结构对密码学和分布式计算有重要贡献。“梅克尔树”还有一个名头更大的名字——哈希树，哈希树的每一片树叶相当于一个数据块。在哈希树的影响下，产生了著名的哈希算法，而哈希算法是区块链密码学技术之一。

1982年，另外一个“重磅炸弹”被提出，即“拜占庭将军问题”。这个问题是由著名计算机科学家莱斯利 · 兰伯特提出的。拜占庭将军问题不是攻打城堡的战术问题，而是一个协议问题。莱斯利 · 兰伯特把

"拜占庭"做成了一个计算机模型，在硬件出现问题或者遭到黑客恶意攻击的情况下，计算机就会出现严重的、不可预估的问题，因此"拜占庭"需要想尽一切办法去解决问题，并且纠正错误，从而达成协议。

1997年，一个名为Hash Cash（哈希现金）的方法出现了。Hash Cash法是第一代PoW（工作量证明）算法，这种算法主要应用于反垃圾邮件的领域内。

1998年，密码学大师戴伟提出了加密货币这一概念。戴伟的B-money（电子加密货币系统）对比特币的出现产生了重要影响。

2001年，SHA-2（安全哈希算法）出现了。对区块链技术感兴趣的人几乎都知道SHA，SHA也叫安全散列算法，而SHA-2是SHA-1的升级版本。SHA-2是非常多样的，其中最受欢迎的是SHA-256。SHA-256就是比特币所采用的算法。

2008年是比特币元年，中本聪将RPoW（可复用工作量证明）引入加密货币，比特币诞生了。虽然人们对比特币褒贬不一，但是，中本聪确实将区块链技术推到了台前。众所周知，区块链是比特币的基层技术。很多人正是因为比特币才慢慢认识了区块链。换句话说，比特币成就了区块链，也让区块链这一概念浮出了水面，并被世人熟悉。

2013年，有着俄罗斯"天才神童"之称的维塔利克·布特林创办了著名的以太坊。维塔利克·布特林是一名程序开发员，而且一直在比特币领域内做研发。后来，他另立门户，启动以太坊项目。以太坊有一个宏伟的目标——建立一个区块链王国。但是，以太坊并未完全坚持这个梦想，而是借助区块链技术开发以太币。

事实上，区块链真正的价值在其他领域，而不是只利用它开发代币。而且这样的想法被越来越多的人认可。如某位金融专家说："区块链这种分布式架构技术，可以帮助商业银行、保险公司、证券企业、知识产权组织、物联网等取得进一步发展，并且会大大提高工作效率，降低经营成本。”阿里巴巴集团创始人马云曾说：“区块链技术本身不是泡沫，但比特币有可能是泡沫。今天的区块链技术不应该变成概念，变成赚钱的概念，区块链技术对人类社会未来的影响之大超乎大家的想象。区块链不是一个金矿，而是数据时代解决隐私问题、安全问题、信用问题的方案。”

2. 区块链的发展现状

区块链仍然是一个新生事物，并未像互联网那样大面积地推广开来。换句话说，它仍旧站在命运的十字路口。只不过当下，更多人看好它，这并不代表它一定会有一个光辉灿烂的前途。但是越来越多的利好消息表明，区块链正朝着正确的方向前进。这个方向是，越来越多的人认识到了区块链的价值和其强大的功能。例如，许多科技界的明星公司正在以实际行动运用区块链技术。

区块链技术虽然率先被用在开发代币方面，但是越来越多的人发现其其他功能更具有开发价值。比如恒生电子股份有限公司自 2017 年以来尝试将区块链技术运用到金融链条和业务模式中，尝试对资金流、大数据进行筛选、分配，试图寻找到一条“捷径”。如果能够打通这条“捷径”，其将对区块链的开发取得进一步的突破。

有的科技界人士把区块链定位为“源技术”，因为它需要进一步开发，而不是拿来就能使用的东西。但是其强大的功能已经被人看好，并被设定了开发的方向。例如，有一些金融企业希望借助区块链技术完成清算、对账、审计方面的工作；还有一些企业希望区块链技术能在契约认证方面发挥一定的作用。

在这里不得不提沙特阿拉伯的一项名为“区块链训练营”的计划。“区块链训练营”旨在培养高素质的区块链方面的人才，且被沙特阿拉伯纳入国家战略，是“MCIT 的 2020 年行动计划目标”的一部分。MCIT（Ministry of Communications and Information Technology）是沙特阿拉伯的通信与信息技术部门，承担着建立数字化环境的重任，以便推动国家经济发展。众所周知，沙特阿拉伯是一个能源国家，其经济支柱是石油。但是，石油是一种不可再生的能源，因此，对于沙特阿拉伯人而言，想尽办法摆脱“能源束缚”是一件非常重要的事。他们想建立一个数字化环境，通过打造以区块链技术为核心的产业孵化基地，培养更多的科技前沿人才。俗话说：“人才是最宝贵的财富！”人才储备比石油储备更具有竞争力。沙特阿拉伯技术工业和数字能力部副部长艾哈迈德表示：“人工智能、物联网、区块链等现代技术是一个国家的‘支柱’，这些技术将促进 GDP 快速发展且有助于实现工业 4.0。”

如果一个国家对区块链高度认同，那么区块链在该国可能有一个光明的前途。但是，横在“光明前途”面前的还有几座大山。换句话说，区块链在技术、应用等方面还存在几个尚未解决或突破的难点。

(1) 技术方面。

说到底，区块链是一项技术，开发并掌握这项技术的一定是相关方面的专业人才。但是目前，与区块链技术相关的专业人才太少。区块链在技术方面还存在三个方面的问题。第一方面，区块链技术团队开发的区块链系统与传统系统存在一些差异，因此在完成度上可能会有偏差；第二方面，区块链技术未必适合所有的工作环境，如果将区块链技术错误地运用到不对口的工作流程中，其工作效果可能不如传统系统好，这会给区块链技术团队造成信心上的打击；第三方面，区块链技术并不是单项技术，而是一个系统，因此需要一个“分工明确、各有所长”的团队来完成，目前在我国，这样的专业技术团队还非常少，大多数团队是临时组建的，在区块链技术的开发方面还处于“摸着石头过河”的阶段。

（2）应用方面。

区块链可以在清算结算、跨境交易、金融审计、供应链金融、股权交易、房产认证、资产托管、电子票据等方面起到重要作用，因此许多企业、组织都看到了区块链的好，如许多商业银行将“区块链技术开发与应用”项目提升到战略发展的高度，也就是说，业务需求促使人们想尽办法开发区块链。在开发过程中，人们通常会遇到一个问题：中心化与去中心化的矛盾。例如，商业银行的信用来自中心化的服务团队和政府的支持，而区块链则是去中心化、去信任的。客户之所以把钱存进银行，是因为银行能提供一种中心化的信用，且这种信用已经经过了时间的检验，被广大客户接受。但是去中心化的信用似乎还远远没有得到客户的认可，还需要时间的检验。如果客户不买账，中心化的管理模式就不能退出历史舞台，或者只能让区块链充当其配角。

基于以上两个问题，我们可以得出一个结论：区块链技术还需要完善，更需要有志之士积极参与，进一步推广区块链技术，让人们正确认识这项技术。只有这样，区块链才能得到长足的发展。

3. 区块链的技术架构

从技术架构上看，区块链技术涉及三个层次，即协议层、扩展层和应用层。

（1）协议层。

协议层是区块链的基础层，数字货币就是利用区块链的协议层研发出来的，然后在区块链网络中传播、交易。协议层构建出整个区块链系统的网络环境，并且像互联网那样将所有的节点串联起来，从而形成网络通道，人们可以利用这一网络通道满足各种各样的需求。

协议层主要涉及四项技术，即网络编程、加密签名、分布式算法和数据存储。网络编程就是计算机语言类技术，许多编程技术已经开源。加密签名常常指当下的加密技术，借助私钥进行签名，借助公钥进行验证。分布式算法因相关业务而出现，与集中式算法不同，分布式算法将一个大项目分拆成无数小项目去处理，然后汇总。数据存储同样是协议层的核心技术。

（2）扩展层。

扩展层的核心技术是智能合约。可以说，智能合约是区块链的“灵魂”，如果没有智能合约，区块链将毫无价值。例如，两个人想要谈一笔生意，按照常规，卖方会向买方提供一份合同，如果买方对合同无异议，双方在上面签字，合同生效，然后进入核心交易环节。如果双方对合同存在异议，没有签字，就需要继续协商。智能合约等同于这样一份“合同”，如果双方达成了协议，“合同”就自动运行。在这个层面上，区块链技术可以与许多业务相结合，如“区块链＋金融”“区块链＋证券”“区块链＋保险”等。另外，扩展层与协议层是分开的。在扩展层的开发利用方面，设计者可以使用更加自由的计算机语言，因此可以开发出个性不同、功能不一、具有特色的区块链产品。

（3）应用层。

区块链的应用层是指区块链产品或者区块链实用软件。例如，百度有一款产品是区块链电子宠物“莱茨狗”，百度用户登录百度账号并下载百度钱包，就可以领养这样一只宠物。“莱茨狗”有什么用呢？事实上，它相当于一款游戏。百度用户通过领养并打扮一只虚拟宠物狗，一方面满足自己的猎奇心和相关需求，另一方面可以交易虚拟宠物狗。而这样一只虚拟宠物狗是基于区块链技术而设计研发的，所以它具有唯一性。换句话说，每一个用户领养的虚拟宠物狗都是不同的，所以它具有一定的收藏意义。除了百度的“莱茨狗”和“度宇宙”，还有许多区块链产品，如万达集团推出的“大力神”超级账本、阿里巴巴集团的“发链”、京东众筹推出的2345 章鱼星球等。随着区块链技术的深入开发，将会有更多的区块链产品问世。

如今，越来越多的人、企业、组织重视区块链技术的开发与应用，有人利用区块链技术开发出了“区块链商城”。可以想象，未来的商业世界一定会有区块链的参与。

4. 区块链的“三条链”

区块链是一个非常有趣的东西，许多人接触它之后，便会喜欢上它。当然，这不仅是因为区块链具备可追溯性、透明化、去中心化等特点，而是因为区块链可以像互联网那样被广泛使用，也可以像局域网那样只供特定人群使用。事实上，许多人并不满足于互联网带来的便利，甚至认为互联网并未把去中心化落到实处，所谓的“分享与共享”正是建立在中心化技术架构的基础之上的。而这一点，连互联网之父蒂姆·伯纳斯·李爵士都非常失望，他认为：“互联网的精神应该是去中心化的，但现在一些公司已经把互联网变成了垄断联盟。”因此，许多“失望的人”可能会寻找一个令人感到惊喜的事物，这个事物可能就是受关注度极高的区块链。

区块链技术有三个层次，同时拥有“三条链”。这“三条链”分别是公有链、联盟链和私有链。每一种“链”皆有不同的功能和作用，了解了区块链的“三条链”，也就了解了区块链的“性格”。

（1）公有链。

公有链就像互联网一样，是全面面向社会的，是公开的，任何人都可以参与进来，任何人都可以读取相关数据，并且向任意一个节点发出邀请，然后进行交易。因此，公有链具有以下几个特点。

一是全网公开。公有链一定是全网公开的，就像一个完全开放的平台，任何用户都可以在公有链提供的“舞台”上表演。

二是无用户授权。全员都能自由加入和退出公有链。如果需要授权，就不是公有链了。另外，公有链的程序开发员无权对用户的权益进行干涉。换句话说，公有链是属于大家的，而不属于某个公司或个人。

三是完全去中心化。在完全公开的区块链系统中，每一个节点都是平等的，没有阶级之分，因此，公有链是完全去中心化的。在这样的系统中，谁说了也算，谁说了也不算。

（2）联盟链。

联盟链是在某个联盟内使用的，而且必须是联盟内的用户才有权利使用，未得到授权的联盟之外的用户不能使用。因此，联盟链仅仅针对特定范围内的用户，系统内部完全可以指定特定的节点进行记账。例如，某联盟由 10 个用户组成，每个用户都拥有一个节点，联盟链允许这 10 个用户参与并读取联盟内所有用户的信息，但是想要让每个区块生效，需要经过 7 个用户的确认。联盟链最大的特点是设定了“准入机制”，只有符合条件者，才能进入联盟，并享受联盟链所提供的服务。

与公有链相比，联盟链有自己的优势。比如，在联盟链内交易，交易门槛更低，交易费用也更低，而且不需要全网确认，只需要在联盟内确认即可；联盟链内的各个节点关系更亲密，如果通道出现了问题，联盟链的技术人员可以马上进行维护，并以最短的时间打通通道；联盟链中的相关交易信息、认证信息等，都具有保密性，联盟之外的用户是无法查看的；联盟链可以根据联盟成员的需求对规则进行修改。

（3）私有链。

私有链完全属于个人或者某个组织，相当于一个私人“局域网”，是私人拥有的区块链系统，只为私人提供服务。如今，许多高科技公司或者区块链专家团队帮助企业或者部门开发私有链，从而帮助它们解决相关的需求难题。私有链与公有链存在较大的不同。事实上，私有链只是私人内部的去中心化，从外部来看，私有链是中心化的，甚至一个人就可以说了算。

如今，区块链的技术开发更倾向于联盟链和私有链，旨在帮助联盟或者单个组织解决运营服务难题等。比如商业银行拥有自己的私有链，借助私有链实现相关的任务目标。

第三章

区块链与价值交换

1. 区块链与财富创造

有人说："区块链是一项可以媲美互联网技术的伟大发明，它完全可以改变财富的走向。"事实上，区块链更像一个智能云，功能全面，能做到当下互联网难以做到的事情。比如，互联网的分享与共享在某种程度上是一种中心化的分享与共享；但是在区块链网络里，分享与共享是去中心化的，更能体现分享与共享的真实内涵。另外，互联网是一个"创富"网，能给人们创造众多的机遇。那么区块链技术呢？虽然区块链技术还不像互联网技术那么成熟，但是它已经表露出了"勃勃雄心"，似乎已有迎头赶上之势。

如今，我国从事区块链技术开发的企业很多。这些企业，原本是一些从事大数据处理或传统互联网技术开发的企业。国内某区块链初创公司总经理孙某认为："区块链的开发与应用前景十分广阔！可以预知，未来10～20年，因为区块链技术而发财的人将会不计其数！"区块链技术是一项非常实用且应用面极其广泛的技术，可以改变银行、证券、保险、房地产等诸多行业的传统经营模式，并帮助它们实现"轻资产、重效率"的模式转变。用区块链行内的另外一位专家的话来解释就是："区块链是雨后春笋，正在茁壮成长。"

祺鲲科技是我国目前区块链公司中的佼佼者。祺鲲科技的

CEO（首席执行官）朱绍康认为：“在任何一个国家，与金融相关的业务都逃不过监管，在主流金融市场，要想做上万亿元的生意、中间赚点利差，都要拥抱监管，而不是挑战监管。”

从中不难看出，区块链技术的开发与应用的前提是符合国家法律法规政策等的规定，然后在此基础上推动区块链技术发展，为各行各业提供区块链产品和服务。

祺鲲科技的以下经营理念值得推崇。第一，有真实的应用场景。说到底，区块链是用来解决问题的，而不应该把它说得天花乱坠，或者把它当成一个“花瓶”，而是应该将其植入真实的应用场景中，然后帮助合作伙伴解决相关问题，比如审批问题、记账问题、资源分配问题等。第二，有解决问题的实力。互联网公司是提供服务的公司，区块链公司也是提供服务的公司。服务的核心是什么？就是满足客户的需求，就是帮助客户解决问题。因此，区块链必须是一项实用的技术，必须帮助客户解决问题。祺鲲科技可以将客户难以打包的资源进行数字化处理并加密，帮助客户实现资源、资产的加密数字化，促使客户优化资源配置等。第三，帮助客户创造财富。如前所述，区块链技术能帮商业银行等金融企业大大降低中介费用，并提升工作效率。帮助客户节约成本，就是为客户创造财富。另外，区块链技术还能帮这些金融公司拥有更加透明的管理环境，降低道德风险的发生概率。因而，区块链可以帮助客户提高盈利水平。

如今，在互联网上流传着这样一句话：“区块链对人类文明的进程影响将可以与互联网发明平级。”这是对区块链技术的肯定，也说明区块链技术被众多人看好。而某位商界大佬看好区块链技术的原因是：“互联网时代，全球经济数字化似乎已经碰到了天花板，很难突破。区块链技术则完全不同，它构建的'数字化世界'是天花板以上的世界。"换句话说，真正意义上的全球经济数字化还需要将互联网技术与区块链技术相结合，这样才能开创新局面。而且从事区块链研发的高科技企业越来越多，许多区块链企业展示出了强大的市场竞争力，它们或许能为自身、为他人创造巨多财富。

2. 区块链数字签名

有位先生购买了房子，住了多年。一天，有位陌生人来敲门说道："先生，这房子是我的，请你搬出去！"这位先生傻眼了："我从来没有卖过房子，房子何时成你的了？"后来到了住房保障和房产管理局查后得知，自己的房子被一个骗子伪造文件躲过了住房保障和房产管理局的审核，悄悄卖给了敲门的这位陌生人。如果住房保障和房产管理局拥有一套区块链房产登记过户系统，骗子就不会得逞了。

区块链具有数字签名功能，这个签名过程就是一个安全的、具有加密特点的传输过程。更重要的是，有了这种检验技术，一个人想要有预谋地去"造假"，将难掩罪证。区块链认证并审核后的信息，都会被永远保存在一个区块里，无法被删除。

3. 区块链为数字资产加密

传统的资产主要有两大类：一类是有形资产，另一类是无形资产。有形资产非常好理解，就是肉眼看得到的资产，如住房、土地等家庭固定物资等；无形资产就是肉眼看不到的资产，如银行存款、保险、股票、债券、期货、专利等。对于一个家庭或者企业而言，其资产由有形资产和无形资产构成。

理财达人希望通过个人资产的有效配置实现理财目的，并获得丰厚的财富回报。因此，这些理财达人会把自己的财产投资到不同的地方去。例如，李先生是一家企业的中层，他的理财方案是：将资产的35%用于满足衣食住行等方面的需求，将剩余的65%用来理财，即将25%用来投资住房，10%用于固定存款，10%用于购买基金，10%用于购买保险，5%用于购买股票，5%用于浮动投资。通过这种方法，李先生用10年的时间购买了两套商品住房、一套商业门面房以及总价值超过300万元的无形资产。可以说，通过理财，李先生过上了非常富裕的生活。

但是，我们常常面临这样一个问题："想要将这些资产快速变现，非常困难。"比如，广州有一位女士，因为儿子将要去美国留学，需要一笔较大的开支。但是这位女士的家庭存款不够，于是她打算出售自己的一套69平方米的住房，这套住房按照市场价，可以卖145万元。这位女士急于卖房，于是找了许多家中介。直到儿子开学前一周，这位女士才将自己的这套69平方米的住房卖出去，但是只卖了135万元。另外，在房产交易过程中，还发生了许多麻烦事。广州的另一位女士，则想出售一项个人专利，出售价格为300万元。与上一位女士一样，这位女士在专利价值评估方面遇到了一些问题，而且在专利转让过程中存在"所有权"方面的分歧。由此可见，传统的有形资产和无形资产在变现或者流动方面，都存在非常多的困难和障碍。

进入互联网时代之后，数字资产出现了。数字资产将一部分无形资产虚拟化，这部分资产能在互联网上流动和交易。正如一个投资者所言："只要有一个账号，我就能自由买卖自己的股票。"除了股票、基金、期货等，人们可以通过互联网进行自由交易，其他资产的交易还是像过去那样，并没有因为互联网而产生多少变化。另外，互联网交易事故频发，如账号被盗、密码被黑客篡改等。为了让自己的账号安全一点，人们采取"英文字母 + 数字 + 特殊符号"的方式提高密码的安全性，尽管如此，仍无法 100% 确保自己的账户是安全的。

区块链加密算法提高了数字资产的安全性。区块链加密技术是一种名为"非对称加密算法"的加密方式。事实上，非对称加密算法比对称加密算法安全性高。原因在于，非对称加密算法由对应的一对唯一性密钥组成，一个是公钥，一个是私钥。通常来讲，一个密码对应一个单位信息，如果想要通过公钥打开某个文件，就需要公钥密码；如果想要通过私钥打开某个文件，还需要公钥密码。换句话说，一个数字资产由两个不同的密码管着，等同于设置了一个双保险，抑或给某个保险箱设置了两道锁。因此，区块链技术所提供的数字资产加密技术要比传统的对称加密算法更加优良。

此外，传统数字资产的价值难以得到准确界定，因此无法得到共识。很显然，区块链技术在这方面有新的突破。前面已介绍过，区块链的共识机制是相当出色的，它能够建立一套可信任的、具备价值评估功能的数字资产交易系统，在这个系统内进行数字资产交易，只要得到全网大部分节点的认可，就认可这笔交易的有效性，且认可该数字资产的价值。另外，区块链技术架构的数字资产交易系统可以简化交易流程，节约时间和成本，减少交易错误。如果广州的那两位女士在未来能够选择区块链技术平台进行交易，可能就不会遇到那么多烦心事了。

随着区块链技术的进一步开发与应用，人们有可能在区块链技术架构的数字交易系统中自由地进行资产交易。

4. 公证职能“区块链时间戳”

众所周知，在人们建立计算机文件的时候，每一个文件都对应一个建立时间。如果建立了众多文件，我们可以按照“时间先后顺序”进行排列。给这些文件盖上“时间戳”有什么用呢？我们用一个简单的例子进行讲解。

有一个人想要参加成人考试，考试通过之后，他将有机会成为某机构的正式员工。但是，他的身份证、户口本等相关证件表明，他的年龄已经超出了成人考试规定的年龄。该成人考试规定，凡是参加本次考试的人年龄限制为 22 ~ 35 岁。这个人刚刚过了 35 岁的“生日”，但是他向人们诉苦：“身份证上的年龄是假的，实际上我的年龄比身份证上的年龄小 1 岁，完全符合考试规定的年龄要求。”

然而，他拿不出合法有效的证据证明自己的实际年龄比身份证上的年龄小。后来有人告诉他：“想要证明你的实际年龄，就得找到出生证明或者当年接生你的护士为你提供证明。”这个人傻眼了：“出生证明？我妈在家里生的我，而且我妈和接生婆都已经去世了……”言外之意，没有“证人”，也没有出生证明证明他的出生时间与身份证上的时间有区别。

我们都知道，早些年，许多人为了上学、就业等而修改年龄的现象时有发生，而且绝大多数的人“将错就错”。故事中的这个人因为年龄不符合规定，只能放弃考试。除此之外，“错误”的年龄或许还会引起其他不宜被人察觉的问题。

有时候，人们为了做一件事，需要去公证处办理公证。比如，有一个人刚刚研发了一个项目，并申请了相关专利，申请专利时他需要去公证处申请公证，公证处给予公证之后填上申请时间，用来证明该专利于某年某月某日正式申请，并于申请之日起正式生效。也就是说，如果在申请之日后有人盗用这个人的专利去生产、加工产品，就是一种侵权违法行为；只有得到这个人的授权，其他生产商才能合法使用该专利。因此，公证处的公证是非常重要的，对知识产权等的保护作用显而易见。

但是我们都知道，去公证处申请公证需要本人拿着相关文件按照程序一步一步进行，只有符合要求者，才能得到公证书。还有一些人，根本不懂得公证，因此其专利等被他人盗用后，只能吃哑巴亏。换句话说，时间戳的最大意义在于确定法律上的“合法有效时间”。我们也可以用“法律证据时间戳”来定义时间戳，由此看来，时间戳是非常有用的。

铺陈这么多，就是为了引出区块链时间戳。

区块链系统具备一种审查检验功能，只要通过了区块链的审查，区块链就会给它盖上一个时间戳，并且将其相关信息永远保存在某一个区块内，且这个区块无法被删除。区块链的这项功能，虽然看上去有些不起眼，但它可以像公证员一样帮助人们实现具有法律效力的公证。例如，有一位作家写了一部小说，然后去知识产权部门登记，并且花了几百元申请知识产权保护。如果这位作家能够通过区块链系统进行知识产权登记，在家就能完成这项工作，且所花费用仅仅是传统登记费用的一半，甚至更低。

现实中，传统的公证存在腐败现象。曾有人为了取得“合法盗窃权”，花钱收买公证处的公证员为其公证，并取得了具有法律效力的证明。被侵权的人非常痛苦，但是除了痛骂这种腐败行为，似乎没有更好的办法进行合法维权。

现实中，这样的案例多如牛毛，因为传统的公证方式无法避免道德风险。或者说，传统的公证依旧面临被篡改、被销毁等风险，相关人的法律权利依旧无法得到100%的安全保证。

人们要充分利用区块链的公证功能保护自己的合法权益。

5. 区块链与默克尔树

讲到区块链，就不得不提默克尔树。它是由拉尔夫·默克尔发明的。默克尔树从外形上看，确实与一棵普通的树很相似。它不仅有一个“主干”，而且有两个“分支”，同“弹弓叉”的外形相似，是一种二叉树。一棵默克尔树像一棵普通树那样，有根、主干和树叶，只不过它的根是节点，主干是节点，树叶也是节点。一个标准的、符合逻辑的解释是，默克尔树是由大量哈希值组成的一种“树”，或者说是一种计算方法。

默克尔树是区块链的重要组成部分，而且是交易验证的非常重要的一个环节。如果默克尔树的一片树叶发生了变化，整棵默克尔树就会跟着变化，牵一发而动全身！因此，默克尔树的一个树叶节点发生了变化，树叶节点的哈希值就会发生变化，由此引发“连锁效应”，最后整棵默克尔树的根节点的哈希值也会跟着发生变化。因此：倘若我们发现默克尔树的根发生了变化，也就知道树根之上发生了什么。我们如果能准确掌握默克尔树树根的变化值，也就对发生的某笔交易了如指掌了。

默克尔树具备三大特点。第一个特点是，常见的默克尔树是一种“二叉树”，拥有一棵自然树的外观特点；第二个特点是，默克尔树是一棵很“顽强”的树，它可以生长在不固定的基础数据之上，基础数据经过哈希算法得到哈希数值后，都可以被储存；第三个特点是，默克尔树看上去更像一棵“倒过来的树”，它的计算是由下而上的，每一个中间节点是根据相邻的两片树叶的节点组合计算出来的，而默克尔树根的节点是相邻的两个中间节点组合计算出来的。对于默克尔树而言，树叶就是默克尔树的生命，没有了树叶，这棵树就是死的。而这一点，也是默克尔树与大自然之树最大的区别。

默克尔树的这种特殊的计算方法，让区块链在支付验证方面具有鲜明的特点。在这里，还要提及一个重要概念：默克尔证明。最初，默克尔证明被中本聪运用到了比特币交易系统中。默克尔证明最大的优势在于，可以简化支付验证。简化支付验证这个概念，同样也是中本聪提出来的。人们如果选择用区块链进行交易，不需要下载每一个交易区块，只需要通过轻客户端下载一个区块头即可。倘若一方通过轻客户端向另一方发起交易，轻客户端就可以邀请一个“默克尔证明”而显示出其在默克尔树上的交易，而这笔交易的变化值能够在默克尔树树根上体现出来。比特币的轻客户端不是最好的，以太坊在默克尔树的应用方面，研究得更加深入。

如今，默克尔树还在继续优化发展中。因为默克尔树的存在，区块链的运行效率得到了提高，扩展性能得到了加强，它不仅能够支持“简化支付验证协议”，而且能够在不运行完整区块链的情况下对交易数据进行核实。默克尔树的应用前景非常广阔，如在数字签名、数字资产交易、可信计算等方面都具有较大的实用价值。

6. 区块链与众筹

如今，许多人为了实现自己的某个梦想而发起众筹。什么是众筹呢？众筹就是大众筹资。在众筹中有两个关键角色：众筹发起人与众筹投资人。例如一个年轻人申请了一项技术专利，如果投资该技术，就可以获得稳定的收入，且该技术在市场中拥有一定的竞争力。但是，这个年轻人空有技术没有资金，这该怎么办呢？于是他发起了众筹，希望社会上的大众投资人能够投资他的项目。他的目标金额是30万元，他用了半个月的时间完成了这场众筹。年轻人有了钱，于是开办了工厂。投资人以“入股”的形式，成为这家工厂的股东，并按照合同协议参与分红。如今，许多众筹网站人气很旺，很多人通过众筹的方式实现了自己的创业梦，与此同时，投资人也能因为好的投资项目而赚到钱。

众筹具备四大特点：一是众筹的门槛很低，只要拥有独特的想法和吸引人的项目，任何人都可以发动众筹；二是众筹涉及范围很广，不限行业，或者说任何行业都可以发动众筹；三是众筹的投资人绝大多数是“草根投资人”，支持众筹项目的多半并不是专业投资人；四是众筹的项目必须有创意，并且这样的创意需要通过相关网站的验证、核实。

人们对“区块链＋众筹”会有所期望。众所周知，众筹网站是一个“第三方”网站，说到底，网站只是一个“中介”，相当于众筹发起人与投资人之间的“红娘”。“红娘”不但要负相关责任，而且要为两者提供一种可靠的信任。比如，众筹网站对众筹发起人的项目进行审核，只有审核通过了才会告诉众多投资者：“这个项目符合标准，值得信任，可以投资。”如果没有这种信任，投资者是不敢进行投资的。

区块链有一个技术特点：去信任。首先，我们要弄明白去信任的含义。去信任并不是没有信任，而是去掉中间环节的中心化信任，借助技术提供一种技术信任。换句话说，区块链的去信任是提供信任。众筹网站提供的信任通常是中心化信任，这种信任存在问题，并受两个因素的困扰：一是中心化信任严重依赖于中心化的系统，如果这个系统出了毛病，或者被黑客攻击，信任也就无法得到保证；二是中心化信任严重依赖于人的职业素质，如果系统管理人员蓄意破坏，那么该信任同样备受考验。区块链的技术优势在于，网站不再需要中心系统，也不需要系统维护员进行管理。

区块链还有一个技术特点：信息透明。例如，有家企业为了扩大规模，在资金链出现问题的情况下，采取了在企业内部众筹的方式筹集资金，并承诺：凡是入股的员工都拥有公司股份，并能够参与公司每年一次的股权分红。该公司通过这种方式，筹集了2000万元资金，并以该资金进行项目扩建。之后第一年，每一名员工平均分得4000元的分红，但是第二年、第三年的分红越来越少，而企业的整体效益明明上升了。员工很纳闷："是不是企业不兑现承诺了？"于是员工自发成立组织，要求企业相关部门给一个说法，并且要求财务部门公开企业的相关数据。经过数月的维权，员工得知公司做假账来少给员工分红。如果该公司利用区块链系统发起众筹，那么企业想要通过做假账来欺骗投资人就毫无可能了。信息的透明化也会增强投资人的投资信心。

对于众筹网站而言，信息的透明化和交易的可信任性是最重要的。众筹网站如果能解决好信任问题和交易信息公开透明问题，就能够促使众筹发起人和投资人成功合作，而众筹网站也能从中获得收益。

第四章

区块链与智能合约

1. 智能合约与传统合同的差异

人与人之间需要信任，但是很多时候，人与人之间缺乏信任，这该怎么办呢？有人给出一个答案："一定要签合同！具有法律效力的合同可以约束双方的行为，从而确保这种'信任'能在人与人之间发挥作用！"现实中，似乎只有"签合同"这一条路可选，而合同也是人类活动中重要的一个东西。生活中处处是合同，而这个世界仿佛是一个合同的世界。

合同，是人类文明进步的产物。很多人说："合同是冷冰冰的，没有人性！"如果人人都信守承诺，还需要合同吗？合同不仅有存在的必要，而且能规范双方的行为，让双方都遵守自己的承诺，落实自己的职责。

首先，我们来了解一下传统合同。

现实中，我们所使用的合同几乎都是传统合同，传统合同一般被打印在A4纸上，并以"一式三份"的形式存在。拟定一份传统合同是非常严谨的，想要让合同不违法，就需要拟定合同的双方都懂法。有一些公司为了拟定具有法律效力的合同，会选择律师事务所或者聘请执业律师。签订具备法律约束力的合同后，其中一方如果违约，将要承担相应的法律后果。

然而，现实中有人不按合同的约定去做，而是想尽一切办法避开合同中那些不利于自己的选项，违约后会明目张胆地说：“你去告吧！”事实上，因为维权成本高，真正拿起法律武器去维护权益的人少之又少。许多人只是把“签合同”当成走过场，而不是把其当作具备法律效力的承诺。

其次，我们来了解一下智能合约。

智能合约是什么？智能合约是一种能以信息化的形式传播且具有验证或者执行合同功能的计算机协议。换句话说，智能合约是一种数字化的计算机合作协议，而且这个合作协议可以在第三方缺席的情况下执行。智能合约的提出者是尼克·萨博，他是密码学专家、数字领域的元老级人物。按照尼克·萨博的说法，任何合同或者协议都可以被镶嵌进硬件或者软件里，攻击者想要攻击它需要付出极大的代价。

智能合约是一种具有合同约束力的程序。它什么时候启动？什么时候关闭？例如，张三想要向李四发起交易，但是他们不在同一个城市，于是他们选择了区块链，用区块链进行交易。张三向李四承诺了许多好处，但是，李四认为张三开出的条件吸引力不足，不足以引起自己的兴趣；于是张三与李四进一步协商，最后达成一致。双方达成一致，智能合约被激活了，因此双方的交易才得以完成。需要说明的是，智能合约作用下的交易是“一手交钱一手交货”的交易，这样的交易能够体现交易的公平性，对买家或者卖家都好。

智能合约的英文名字是 Smart Contract，其中 Smart 是聪明之意。这样一个聪明的合约具备传统合同的要约、承诺、价值交换三个属性，但是与传统合同相比，“聪明”多了。只有符合条件的交易，才能被激活，否则该交易无法完成。

通过简单的对比可知，智能合约能给双方提供一个公平的、合法的交易环境。

2. 智能合约让合约智能化

智能合约是区块链系统中的一个程序，具备要约、承诺、价值交换三个属性。要约是什么呢？要约就是其中一方为了达成交易，而向另一方提出的合同条件。要约是缔结合同的基础，只有另一方接受要约才有可能建立合同关系。承诺就是要约一方向另一方承诺，如果达成合作，对方将得到怎样的好处。价值交换是合同所确保的一场交易，是具有价值交换意义的。只有这三个属性同时达标，双方才能够缔结合同，即建立起一种合作关系。如果按照签订传统合同的方法，通常需要将合同的具体内容落实到纸张上，如通过打印机打印出来，然后双方签字、盖章或按手印。事实上，智能合约与自动售货机的原理是非常相似的。

如今，自动售货机随处可见。人们可以在自动售货机上购买自己想要的东西。比如，一个人口渴了，想要买一瓶水或者饮料，而自动售货机中有很多商品，如矿泉水、碳酸饮料、果汁、牛奶……每一件商品对应一个价格。如矿泉水 3 元一瓶，你只需要投 3 元给自动售货机，然后选择矿泉水按钮，就可以买到这瓶矿泉水了。如今，自动售货机越来越先进，扫描二维码进行支付就可以购买商品。客户完成支付，自动售货机的“付货”程序将会被唤醒，就会将相应价值的商品“交”给客户。这样的一个交易，表面上看是人与机器的交易，实际上是人与人之间的交易，自动售货机充当了一个媒介，这个媒介类似于合同。

自动售货机上的程序与区块链中的程序是不是有相似之处呢？答案是肯定的。自动售货机上所采用的程序就是智能合约。客户想要购买 3 元一瓶的矿泉水，就需要支付 3 元才能满足要求并启动智能合约，才能拿到自己想要的商品。因此说，智能合约确实是智能的，完全不需要第三人在场，不需要监督。买方只需要掏钱、卖方只需要发货即可。

许多年轻人都有买房的需求。比如，一个年轻人看中了一套二手房，这套二手房离公司比较近，交通便利，价格也在可接受的范围内。于是他找到中介，与中介进行了一番讨价还价，终于敲定了价格。为了买下这套房子，这个年轻人需要筹集资金，如去银行办理贷款，然后去签合同、办理各种过户手续等。整个过程可能需要半个月甚至几个月的时间。

传统的房产交易不是一件能快速完成的事情，而且每一个环节都要经历层层审查，而且还要看前面是否有“排队”现象，如果“排队”的人较多，办理时间还会更长。如果将这套交易（包括签合同、付款、办理过户手续、拿房产证）放到区块链中，效率就会大大提高。比如，房产公司将该二手房的所有交易信息上传到区块链上，购房者只需要带着银行卡从另外一个端口进行支付即可。只要购房者的支付款项满足出售者的相关要求，智能合约就启动了，并且能够保证该交易顺利完成。

当然，这不仅需要房产公司与购房者参与，还需要住房保障和房屋管理局、商业银行等共同参与。毕竟这样一个交易涉及多个部门，由这些部门共同参与并开发的区块链项目，才能够让这样的一种区块链房产交易实现。如果这一项目能得到落实，或许未来的房产交易像从自动售货机上买一罐饮料那样方便。

有一位业内专家说：“智能合约是一个非常好的东西，但是它必须在国家法律认可的条件下，或者在政府允许或者参与的情况下才能够进行大范围推广。很显然，一个完全脱离监管的智能合约是不具备‘合同’特性的。”言外之意就是，开发者想要让智能合约真正智能，除了提升技术，还要符合国家法律、政策的规定，并接受政府的监管。

3. 智能合约让资产智能化

虽然智能合约非常智能，但是智能合约仍然处于发展阶段。目前，智能合约经历了两个发展阶段，即智能合约1.0和智能合约2.0。

智能合约1.0，即半自动智能合约。所谓的半自动，就是还需要“中间人”进行控制。例如，有一个人承包了某建筑公司的一个建筑项目，按照合同约定，每完成一个阶段就获得相应的建筑费用。建筑公司为了支付款项更加方便，便将支付功能托管给一个拥有智能合约1.0的平台。当这个人完成第一阶段的任务后，这个平台通过“中间人”的签名认可之后，将相关款项自动打到这个人的账户上……依此类推，直到这个人完成整个承包工程，他就能收到全部款项。换句话说，智能合约1.0还需要中间人的参与，并且中间人在这个合作过程中起着非常重要的作用。

智能合约2.0，即全自动智能合约。所谓的全自动，就意味着完全不需要中间人在其中充当角色。例如，有一个人承包了一个建筑项目，按照规定，他需要在半年时间内完成所有的承包工程，而这个合同是分“四个阶段”进行签订的，即一期工程完成后支付30%，二期工程完成后支付30%，三期工程完成后支付30%，项目验收合格后支付剩余的10%。而所有的合同，完全被放在了区块链系统下的智能合约上。这个人每完成一期工程，就会自动获得工程款，当完成四期工程后，且验收合格，就可以收到全部的工程款。在这个过程中，除了项目验收，没有中间人的参与，实现了自动化。智能合约2.0就是我们所需要的智能合约，是一种去中心化的智能合约。

智能合约2.0的实现，需要一个基础条件，即需要智能资产的配合。如果资产不智能，智能合约2.0就实现不了。这就如同将一个法拉利赛车发动机安装到牛车上一样，好的程序同样需要相应的硬件支持才能运行。因此，智能合约2.0需要智能资产。

当我们提到智能资产这个概念时，首先会想到比特币。当然，比特币存在着非常大的争议和风险。但是有一点不得不承认，它为资产智能化提供了一个角度。

将资产智能化并不是一朝一夕的事情，还需要解决许多问题。比如区块链自身技术的问题、区块链平台架构的问题、区块链平台核心技术组件的问题、区块链平台安全机制的问题、区块链平台适用性的问题、区块链平台升级的问题、区块链平台监管的问题等。国内某区块链平台拥有者王某认为："数字资产智能化是未来的一个发展大趋势，目前还处于发展阶段。但是数字资产智能化并不是单靠技术能够解决的，还需要许多部门的配合，以及政府监管。换句话说，它是一套组合拳，而不是一个直拳或者勾拳。技术方面，按照当下的发展速度，10年之内就能够上升到一个非常平稳、成熟的技术高度。因此，全球数字资产智能化并不是一个设想。"

4. 智能合约缓解信任危机

众所周知，信任是世界上极宝贵的东西之一，如果没有了信任，人与人之间的关系将会疏离，社会体系也将崩塌。信任，是一种具有"黏合"特点的东西，能够帮助人类建立一个和谐的、温暖的社会。但是如今，人类社会似乎出现了一种信任危机。信任的缺失会造成许多问题，如漠视道德、不遵守秩序、不讲诚信等。信任的缺失也会引发信任危机。一个社会如果出现了信任危机，各种各样的社会问题可能接踵而来。

张三经人介绍，在某金融公司贷了5万元的款，贷款利息是商业银行贷款利息的两倍，贷款的使用期限是3个月，并因此签了借贷合同。按理说，这是一个非常简单的借贷业务。用款期限到了之后，张三按照借贷合同所约定的内容进行还款，金融公司给张三开出一个收款收据，这样双方就两清了。

但是，问题出现了。张三按照合同约定的期限，带着本息来到金融公司还钱，但是金融公司的人员却告诉他："张三，你还的金额不对，还差910元啊!"张三非常纳闷，按照合同计算，张三的还款金额确实没有问题。但是该金融公司不认账，搬出了各种各样荒唐的理由，甚至威胁张三："如果你不补上910元，我们将按违约处理。"迫于无奈，张三只能选择"吃哑巴亏"，把910元给了该金融公司。

这是一个很简单的借贷案例，但是金融公司的道德问题，使客户对该金融公司的好感全无，决定从此再也不与该金融公司打交道了。金融公司的道德问题引起了客户与金融公司之间的信任危机，许多客户都不愿意与这家金融公司打交道，最后受损的是金融公司和相关客户。

对于社会中的这些信任危机事件，智能合约能起到怎样的作用呢?

上述案例中，如果该金融公司拥有区块链系统，就可以将相关的贷款协议上传到区块链上。按照相关协议，金融公司向客户提供贷款；客户到了还款时间，直接从另外一个端口还款，只要还款的数额达到协议标准，该协议就会自动启动，还款完成，合作也就结束。在这个过程中，没有任何人为因素的干扰，因此也就解决了信任危机。

总之，智能合约可以有效排除某些道德因素，缓解信任危机，让客户与商家之间的合作更加纯粹。

5. 智能合约存在的漏洞

智能合约似乎很完美，但是也有不足。智能合约在安全性能方面存在一些致命的漏洞，这些漏洞可能引发严重的交易问题。

在区块链领域内，有一个事件——the DAO 事件不得不提。

2016 年 6 月 15 日，一场蓄谋已久的攻击即将拉开帷幕，这场攻击名叫“左右此攻击合约”。2016 年 6 月 17 日，攻击正式开始。这种攻击就是我们常说的黑客攻击。以太坊的创始人杰弗里·维尔克得知以太坊被攻击之后，立刻通知了中国社区。为了减少以太币进一步被转移，the DAO 的负责人提议社区发送大量的“垃圾交易”来阻塞以太坊的交易网络。正如人们所言：“如果一条大河因为洪水暴涨而决堤，用肉躯和沙子、水泥是无法阻止洪水从决口之处涌出的。”换句话说，这种方式只能延缓一点点甚至可以忽略不计的攻击。随后，杰弗里·维尔克在以太坊官网上发布公告，大体上解释了以太坊被攻击的经过，并提出了“软分叉解决方案”。公告发布之后，攻击停止了。

2016 年 6 月 19 日，一个匿名的攻击者通过网络访谈的方式宣布：他们会通过智能合约的方式奖励不支持软分叉的矿工 100 万以太币和 100 比特币。这个奖励是极具诱惑力的。100 万以太币和

100 比特币价值多少美元呢？按照当时的行情，这笔奖励高达千万美元。当天，黑客再次向 the DAO 发起了攻击，或许以太坊加强了防范并启动了相关的预防措施，这一次攻击只造成了少量的损失。

2016 年 7 月 20 日，以太坊的区块链“硬分叉”措施得到了实施，一个名为 BW. com 的以太坊矿区挖到了 192000 个区块。很快，这个 BW. com 矿区便挖出了新区块链中的新区块。这也导致黑客的攻击最终以失败告终，以太坊成功地将黑客控制的价值高达 4000 万美元的以太币转移到新地址。从此之后，以太坊区块链也被分为两条链，一条是原链，一条是分叉链。

这一次严重的攻击事件给以太坊和从事区块链研究开发的团队提了一次醒：世界上没有绝对安全的东西，智能合约表面上看非常“智能”，实则存在安全隐患。这次乌龙事件，导致以太坊的市值暴跌。

乌龙事件引发了人们对智能合约的重新思考。其中，有业内权威人士提议：“智能合约不能随便运行，只有在确定交易环境完全安全的情况下才能运行，否则还会出现这种‘乌龙悲剧’。”而另外一位专家的建议是：“应该设置智能合约的触发条件，比如多个节点进行‘投票’，如果‘投票’的结果满足智能合约的触发条件，智能合约才能启动；抑或采取多人联合签名的方式来确保智能合约的安全性。”言外之意是，智能合约的缺陷在于“太过智能”，智能合约想要确保安全性，需要“投票”或者“签名”等人的参与。换句话说，半自动的智能合约在安全性能方面可能优于全自动的智能合约。

除了存在被攻击的安全隐患之外，智能合约还受另外一些因素的干扰。例如交易顺序依赖，智能合约随交易顺序的不同而产生差异，这一点容易被黑客利用，成为“攻击点”；又如时间戳依赖，也就是说，智能合约的执行依赖于区块链中的时间戳，时间戳不同，智能合约的执行结果也是不同的，而这一点也会被黑客利用，黑客可能借此发起攻击。当然，智能合约存在的安全隐患绝不止这两种，或许还有很多未被发现。就像一位哲人所言："有的错误已经被我们发现并证实，有的错误依旧像'正确'的东西那样被人使用，有朝一日它们会引发'局部'范围内的灾难性后果。"

智能合约看似非常智能，但是有可能因为太过智能而出现问题。比如一台电脑，电脑的优势是运算速度快，可以代替人脑的部分功能，但是电脑会因为程序、病毒等问题而出错，而人脑却不会出现类似的问题。因此，区块链开发团队要优化它的功能，并且进一步夯实区块链的底层设施的建设，只有这样，才能给人们提供一个安全的、性能卓越的智能合约。

6. 智能合约是天使还是魔鬼

前面，我们既讲了智能合约的优点，也讲了智能合约存在的一些缺陷。换句话说，它就像区块链一样，有好的一面，也有不好的一面。就像一个人，既有天使的一面，也有魔鬼的一面。因此，我们既不能说智能合约是天使的化身，因为它并不是安全无副作用的，它也不能完全取代传统合同而成为未来的合同范本；也不能说智能合约是魔鬼，因为它虽然存在巨大的安全隐患，甚至会被不法分子利用，但是我们不能全盘否定它。我们应该用一种辩证的眼光去看待一个新生事物。

首先，我们要肯定它的天使面孔。我们都知道，智能合约是智能的，而且是去中心化的，并且能够给人们带来许多方便，最直接的体现就是自动售货机。人们只要支付相应数额的钱，就可以购买相应价格的商品。如今，自动售货机种类繁多，大街小巷都有它们的影子，它们已被广泛运用到了许多领域内。例如，小区内的自动售水机，只要刷卡，就可以购买直饮水，非常方便。还有一些小区设有自动充电桩，只要扫描二维码完成支付，就可以给电动车充电。可以说，智能合约完全可以民用化，并且能够给老百姓带来巨大的便利。

除了日常生活方面的应用，智能合约在商业银行等平台更具备施展的空间。众所周知，商业银行是一个靠中心化管理提供信用保障的部门，它的信用源于中心化的管理。也就是说，商业银行需要在中心化管理方面做足功夫才行，否则会出问题。商业银行为了加强这种安全性，不得不采取一种层层审批的笨办法。这种办法虽然效率很低，但是能提升安全性能。

然而，现在客户对商业银行的要求越来越高，尤其在效率、费用等方面提出了更高的要求。比如，有一位客户这样说："我们需要高效的服务，而且需要低成本的服务，或者免费的服务。"这句话说出了很多客户的心声，与此同时，间接表达出一种不满。因此，许多商业银行开始重视区块链，或者非常重视智能合约在商业银行服务系统中的应用。如果能够应用成功，不仅可以降低商业银行后台的管理成本，释放出更多人力去从事一线服务工作，而且可以大大提高服务效率，简化业务办理流程。由此看来，智能合约的出现能给商业银行的管理带来很好的辅助作用。

其次，我们要认清它的魔鬼面孔。漏洞是区块链技术无法绕开的话题。如果黑客成功攻击区块链，就会造成巨大的损失。想要解决这样的问题，只能想尽一切办法提升区块链的技术水平，提高黑客攻击的难度和成本。因为，区块链是智能合约的载体，解决了区块链的问题，也就能解决智能合约的相关问题。

还有一个重要的、无法回避的问题：信任。我们知道，智能合约是去信任的，用技术信任取代了人为承诺。乍一看，这是一件好事，尤其是在当今社会出现信用危机的环境下，智能合约借助技术优势帮助相关企业、组织吸引客户。但是有一个问题我们永远无法回避：人与人之间是否还需要信任。就像一位哲人所言："社会的构成基础，是人与人之间的信任关系。如果没有信任，社会将会散架。"也就是说，人与人之间的信任是一种不可取代的信任，只有在这种信任的基础上，社会才会被建立起来。现实世界不是乌托邦，如果现实世界的信任全部由机器提供，人与人之间的关系将会疏远，甚至可怕。如果从"社会信任"的重塑角度来讲，智能合约提供的技术信任只能在小范围内应用，或者只能用来简化烦琐的交易，而不能被滥用。如果将智能合约运用到所有的场景里，可能会给社会带来严重的负面影响。从这个角度来讲，智能合约并非天使，而是有魔鬼的属性。

既然我们已经知道智能合约是天使与魔鬼的化身，就应该"辩证"地应用，将它的特点和优势充分发挥出来。此外，我们还要加强人与人之间的联系，大力推广"社会信任"的理念，唤醒人们的诚信意识，只有这样，才能建立一个信任的社会。

7. 展望智能合约的应用前景

如今，国内许多企业都开始布局区块链产业，希望通过区块链技术突破瓶颈，并跨越到其他领域里。智能合约作为区块链技术上的一颗"明珠"，同样可以在许多领域展示优势。如果将它用到最适合它的地方，它就会发光发热。

当下，二手汽车市场非常火爆，许多人愿意花更少的钱买一辆中意的、性价比高的二手车，而不愿意花更多的钱买一辆新车。有一位客户这样讲："新车虽然新，但是买回家之后，马上就会贬值。二手车的价格是经过专业评估的价格，较能体现一辆车的实际价值。如果一辆二手车只跑了几万公里，且车况非常好，价格不到新车的一半，那么买这样一辆二手车就非常划算！"许多人看到了这样的市场潜力，便进入了二手汽车领域。

买过二手车的客户都知道，传统的二手车交易是比较烦琐的，比新车交易更加烦琐。它不仅需要验车，而且涉及保险、过户等手续。一个人想要买一辆二手车，从签订合同到购买结束并提车回家，需要一段时间。万一出现合同等方面的问题，时间会更长。如果二手车公司能够引入智能合约，将会大大提升客户的购车体验。比如，将一辆二手车的全部信息上传到区块链上，包括二手车的价格、行驶里程、车况、车貌、型号、新车价格与二手车价格对比、购车手续等。客户按照区块链中的信息对目标二手车进行核实，在确认无误的情况下，在区块链的交易端进行交易并激活智能合约，交易将会在非常短的时间内完成。由此可见，智能合约可以在二手汽车交易方面发挥重要作用。此外，房产交易与二手车交易是相似的，所以智能合约在房产交易方面也可以发挥重要作用。因此，很多人甚至认为："智能合约主要应用于交易方面，与交易相关的业务，都可以使用智能合约。"

智能合约在数字资产领域大有可为。如果未来的数字资产的管理和交易都在区块链网络中进行，那么智能合约不仅能够提供一种"合同"功能，而且能够给用户提供一个数字身份。众所周知，每一个用户都必须拥有一个数字身份，如果没有这样的身份，就无法进行交易。另外，这样的数字身份等同于“身份证”，可以查询、验证一个人的很多信息（如姓名、性别、职业、年龄、工作单位、家庭住址、联系电话、收入水平、政治面貌等）。很显然，智能合约所提供的数字身份是一种“智能身份证”，它的用途非常广泛，甚至与我们现在使用的身份证具有相等的作用。

智能合约在证券领域也大有可为。证券公司通常是业务繁多的金融公司，这样的公司与证券、金钱打交道，对各个环节的管理是非常严格的。另外，证券公司还涉及债务分割、利息支付、证券分拆等多项业务，工作量非常大。如果对每一笔业务都仔仔细细地审查、核查，是非常烦琐而累人的，如果将区块链和智能合约引入证券领域，将会大大提高管理、审核效率，减少工作流程，并因此减轻员工的工作压力和精神压力。

智能合约在数据账本方面的应用也前景光明。众所周知，区块链是一个智能账本，而且这个账本非常透明，人人都可以查看，且不会被删除。那么，智能合约在其中能起到怎样的作用呢？事实上，相关人员可以通过智能合约建立一个数据库，这个数据库涵盖所有的账目。智能合约的最大功能是账目的分配与管理。换句话说，智能合约还能帮助管理人员在账本管理方面进行严格把关。

可以说，凡是与数据处理、交易信息处理等相关的行业，都可以采取智能合约，如保险金融、跨境交易、医学临床实验等。由此可见，智能合约的市场应用前景广阔，未来会有更多的人才进入区块链与智能合约的领域中来。

第五章

区块链与去中心化

1. 区块链的精髓：去中心化

去中心化并不是一个新概念，它是与中心化相对立的。当今社会，处处离不开中心化。中心化最大的优势在于提供信任、加强信任。

商业银行采用中心化的管理模式，其管理系统也是中心化的管理系统。办理一项业务，需要层层审批、把关，只有得到授权的客户经理才能办理相关业务。中心化的管理模式虽然很烦琐，但是也有自己的优势。把关的“门槛”越高，信用指数也就越高。换句话说，商业银行的信用是建立在中心化管理的基础之上的。中心化管理的一个目的是消除道德风险。但是，只要是有人参与的管理工作，就无法彻底消除道德风险，道德风险似乎永远存在。

中心化管理存在一个致命的缺陷：如果中心系统瘫痪了，所有的系统将无法使用。例如，某公司采取 OA（办公自动化）管理之后，取得了不错的效果，大大提升了办事效率。众所周知，OA 是一套管理系统，这套管理系统是中心化的，靠一台主机进行运转。该公司为了让 OA 更加好用，便对 OA 进行升级。但是在软件升级的过程中，该公司的所有员工都无法登录 OA 进行相关文件的传阅、签收。另外，该公司的 OA 曾多次遭遇木马攻击，而主机维护也常常让 OA 停止运行。言外之意是，这一系统看上去不错，也确实能解决相关问题，但是极其不稳定，一出毛病，所有的电脑就都不能用了。

去中心化是区块链技术的一大特色，它用这样一种方式代替信任，我们也可以称之为去信任化。与中心化不同，去中心化的目标是打破人的参与造成的阻碍。比如人参与的把关、人参与的投票等。凡是有人参与的地方，都会受到道德的考验。去中心化可以规避这些麻烦。甚至有人说："既然不相信人，那就相信机器吧。因为机器永远是'忠诚'的、'老实'的，没有背叛你的想法。"尽管这句话颇有乌托邦的味道，但是去中心化的想法和思路是非常好的，毕竟当今社会是一个面临信任危机的社会。当然，去中心化并非营造乌托邦，而是让效率更高，并减轻中心化管理部门的压力。

在区块链网络中，人人都是平等的，人人享有同样的权利，而且每一个节点都是世界上唯一的节点，极具个性。有一位区块链技术专家说："区块链网络中每一个节点都高度自治，且不受其他节点的影响。因此，在区块链网络中，节点与节点之间的关系是一种非线性的因果关系，而且是平等的、开放的，整个区块链网络是一个'扁平化'的节点自治网络。"这样系统、形象地解释一下，大多数人也就能够明白"去中心化"是怎样的一个概念了。

去中心化的概念是因为中心化才产生的。去中心化有自己的优势和长处，也有自己的缺点和不足。因此，有人称："去中心化与中心化相结合，才能实现最优化！"

2. 去中心化让中介下岗

在互联网时代，人们的生活方式已经发生了翻天覆地的变化，不管是购物、社交、工作还是娱乐，都与过去不同。消费者与生产者的关系也在悄悄发生变化。最显著的变化是，生产者能够将产品直接卖给消费者。

王某以前是一个农民，后来去深圳打工，赚了一点钱之后回家乡创业，开了一家土特产加工厂。王某的创业之路非常艰辛，尤其是在营销方面。早期因为没有互联网，王某只能拿着样品跑各大超市，希望能在超市售卖。但是超市的入场门槛高、程序复杂，后来王某只能跑各种食品代理商，通过发展代理商的方式才逐渐打通了营销之路。比如某红薯食品，王某给一级代理商的价格是每袋3.3元，但是到了终端市场，却卖到了一袋6元，几乎翻了一倍。王某心里明白，如果没有这些代理商，他的货根本卖不动。

互联网出现之后，王某便早早布局互联网，不仅开设了淘宝店，而且在许多商务网站上进行批发零售。通过互联网，王某的土特产加工厂直接与消费者建立了营销关系。王某在互联网上的销售额很快超过了代理商，那些过去从事食品代理的老板们觉得做批发不赚钱了，于是纷纷转做其他行业。事实上，互联网的出现，使分级代理这个行业大势已去。如今，王某的互联网销售量已经达到了全公司的77%。原来他在全国各地都有代理商，如今只剩下区区几个而已。

互联网的出现，已经让许多代理商、中介下岗了。区块链会不会让中介更加没有前途？国内某知名企业的总裁曾说：“区块链是一个‘新物种’，它本身具有去中心化的特点。我们都知道，许多中介机构提供中心化的服务，如果区块链技术被广泛使用，这种中心化的服务机构也就无须存在了！”现实中，拥有同等看法的业内人士有很多，他们同样不看好中介机构在市场中的作用。如果区块链能够覆盖多个市场，那么许多行业的中介机构将会受到巨大的冲击。

（1）金融行业。

区块链技术可以帮助金融企业实现去信任化，也就无须复杂的机构和大量的人力去创造“信任”。所以，其内部的中心处理部门也就无须存在了。另外，为商业银行等金融部门服务的一些中介机构也有可能消失。智能合约的出现，能够帮助商业银行实现筛选客户的功能，商业银行通过智能合约可以将中介的工作收回来。因此，与金融行业有服务关系的中介就有很大的下岗的危险。

（2）第三广告行业。

互联网时代也是一个电商时代，电商财运亨通，而第三广告行业服务商从电商身上赚了不少钱。第三广告行业服务商是电商的服务中介，有两项重要工作：一是帮助电商进行网络宣传，提高电商的品牌知名度；二是帮助电商收集客户数据，并将数据打包出售给电商，或者帮助电商进行营销服务推送。区块链出现之后，电商可以自己构建一个区块链网络，而这个网络里的每一个节点都是客户。与此同时，电商借助智能合约奖励购买商品的客户。因此，客户也会绕开第三广告行业服务商，直接选择电商的区块链交易平台购物。由此看来，第三广告行业服务商恐怕也会面临下岗的危险。

（3）供应链行业。

众所周知，人们的衣食住行都离不开各种各样的供应链，而供应链行业相当于一个国家的“血管”。供应链非常复杂，链条非常长，中间环节很多。由于这些中间环节的存在，消费者福利减少了。区块链架构的供应链行业非常简单，能够理顺并打通供应链链条，让供应链中的中介减少。如果供应链中的中介少了，供应链就变得高效了，消费者就能买到价低质优的商品，消费者福利随之增加。因此，供应链链条中的中介因为区块链的出现面临下岗的危险。

（4）身份认证行业。

经常出国的人常常会遇到因检查身份、核实身份而需要等待的现象，这个现象就是“身份认证中介”造成的。相关部门通常会把身份认证业务打包给中介去处理，这些中介具备较强的业务能力，并且能够分担相关部门的职责压力，还能够帮助相关部门节省资源。区块链技术出现后，身份认证将会变得非常简单。如果相关部门采用了区块链技术，就不需要把身份认证业务打包给中介了。

除了上述四个行业，凡是服务性的中介都有可能因为区块链而消失。而且，中介消失了，能提高整个社会资源的运转效率，并且有效增加消费者福利和生产者福利。

3. 去中心化的分布式计算

提及区块链的去中心化功能，就不得不说分布式计算。什么是分布式计算呢？分布式计算就是把一个需要巨大计算能力才能解决的问题进行切割打散，然后分配给许多计算机进行处理。与分布式计算相对立的是集中式计算，集中式计算就是把这样一个问题交给一个超级计算机去解决。如今，越来越多的人发现，分布式计算似乎比集中式计算更加实用，且安全性更高。

我们用一个有趣的故事解释什么是分布式计算。

一家从事饮料销售的公司，一共代理了多款市场上知名的饮料。这家公司采取的销售方式比较单一：商场促销。

例如，一次，该公司在某大型超市进行饮料促销，派了多名促销员去超市推销。有的促销员在超市门口设摊促销，有的在超市里面进行促销。该公司与超市联合进行“购物满98元送价值为1元的矿泉水”的活动。通过这种方式，这家公司初期能够取得不错的业绩。但是，如果天天搞这样的促销活动，消费者会失去购买动力，活动效果会越来越差。

为了解决这个问题，这家公司便采取了另外一种营销模式。公司让员工进行营销活动，然后将产品铺到各个终端环节，并向终端环节的营销员承诺：每卖出一瓶饮料，按比例进行奖励！通过这种铺货的方式，这家公司拓展了渠道，销量快速得到了提高。这家公司的老板感叹：“如果我们公司早一点采取这种办法，可能早就缓解营销压力了！”事实上，这种营销模式就是一种分散式的营销模式，或者叫“分销”。分销比集中营销更加灵活，而且营销面积更大，并能带动每一个分销点的营销积极性。

分销虽然不是分布式计算，但是二者在思维上是相似的。分布式计算较其他计算方式有以下三大优势。

（1）将负载分摊给多个计算机。

我们常常遇到这样一种情况：一台电脑运行的程序太多后，运行速度就会变慢，甚至会死机。如果这台电脑正在运行着某个重要程序，电脑死机就会带来很大的麻烦。分布式计算就是让多台计算机共同运行这个重要程序，分担运行程序的负载。在这种情况下，每一台电脑都会降低死机的风险，就算其中一台死机，其他电脑也可以继续运行该程序，也就不会对整个系统的运行造成巨大影响。

（2）共享资源。

在一个区块链网络中，其中的某个节点分享了一个资源，在整个区块链网络中的所有节点都可以看到这个资源，如果这个资源是非常稀缺的资源，这样的分享能让稀缺资源变得不再那么稀缺，对稀缺资源的保存也是有非常大的好处的。如果人人都愿意把自己的宝贵资源分享出来，那么这个区块链网络就会成为一个资源网，这个资源网能够产生更大的价值。

（3）把程序放在最合适的计算机上。

在一个区块链网络中，相关程序可以通过分布式计算在全网里寻找一台最匹配的计算机进行安装，有点像“科学婚配”。这样做的好处是，相关程序与该计算机的匹配程度最高，最大限度地减少运行慢或者死机情况的发生。这也体现出区块链智能的一面。

分布式计算的优势不止以上三项。分布式计算的应用让去中心化成为一种可能。

4. 去中心化还是与中心化合作

任何一个事物的出现，都与背景相关，这个事物代表人们的某个想法和意愿。比如飞机代表人类想要征服天空的欲望。区块链的出现酝酿已久，它在刚刚问世的时候，并没有得到非常多的关注。随着比特币等如“明星”一般屡登头条，区块链才引发人们的广泛关注。

去中心化有诸多好处，可以让中介下岗，可以提高效率，可以降低交易成本等。用去中心化取代中心化，似乎是水到渠成的。但是在现实中，我们还得考虑许多问题，这些问题可能涉及社会与人性层面的问题。例如，某组织引入去中心化管理系统，该系统通过内测检验，性能良好，完全可以取代多个部门，于是该组织一边试运行新系统，一边想办法对相关部门的人员进行分流。半年之后，该组织减掉了三个部门共计60多名人员。这些人员面临重新择业的困境。后来，这些人员自发组织起来与该组织进行协商，最后的结果是：保留新系统，让其中的30名人员重新回到原岗位上。说到底，去中心化代替中心化的想法没有达成，到最后只能选择一个折中的办法，原因是什么呢？国内的一位知名企业家对此的解释是："我们一边提倡新技术，但是一边突出'人性化管理'，以人为本。如果我们强行采取一种'机器代替人'的方案，也是违背初心的。在一个企业组织里，再好的技术也无法代替人，应该想办法让技术辅助人。"这样的说法有一定的道理，而且"中心化"生存了多年，并非一无是处。

有一个保密部门，这个部门专门核实相关人员的身份条件，只有符合身份条件的人才能领取某个物资。按照当下的技术条件，完全可以把这个任务交给去中心化的区块链系统，从而实现自动领取。这个部门对此做了模拟实验。

该部门进行了A实验和B实验。A实验无相关部门的工作人员参与。按照设定，将一些智能设备与区块链系统进行调试连接，调试成功后就进入领取环节。在领取环节中，通过监控录像发现，领取人会在这种缺乏监督的环境下作弊，最后实验被迫停止。B实验有相关的工作人员参与。系统调试完毕后，领取人开始领取。在工作人员的维护和控制之下，领取秩序非常好，也没有领取人作弊的现象。

A实验就是一种严格意义上的去中心化的实验，但是效果不佳；B实验是一种去中心化与中心化相结合的实验，取得了不错的效果。言外之意是，100%去中心化是一种理想，并不适合当下，因为存在人性的差异，所以会增添许多不确定的因素。现实中，许多环节是无法去中心化的，甚至只有中心化的管理才能解决问题。人类设计发明了超级计算机，发明它的目的不是取代人脑，而是辅助人脑做一些特殊工作，或者从事一些太过消耗算力的工作。如果我们只是用它来代替人脑，恐怕也会产生危机。超级计算机自有它的优势和特长，但是人脑也有人脑的作用，两者需要进行结合。区块链与互联网并不是一对仇敌，而是相辅相成的。B 实验的成功从某个角度解释了去中心化需要与中心化结合这一思路。

当下，许多金融部门开始关注区块链技术。这里要强调的是它们是关注，并不一定采纳，而是辩证分析这项技术到底能给金融带来什么。如果只是为了裁员而采纳这项技术，是没有意义的。使用区块链的目的是解决某些环节中的某些问题，而不是彻底取代某个组织或者部门。此时会有人问："前面不是说，去中心化可以让中介下岗吗?"在这里，我们需要补充一下。中介是供应链中的一个"可有可无"的因素，尤其是在互联网时代，中介的存在会对社会发展产生阻力。人们借助区块链技术消除这种阻力，恰恰体现了人们的诉求。换句话说，去中心化去掉的是多余的部分，而不是重要的部分。就像一个人修改作文一样，除了内核，其他部分都是可以进行修改或者删除的。

区块链技术想要得到全面发展，必须抱紧中心化这棵大树。只有将去中心化与中心化相结合，区块链技术才有更大的发展空间。

5. 去中心化的交易所

众所周知，交易所通常都是中心化的交易所，交易所通过中心化管理系统运作，并向客户提供一种投资安全保证，比如股票交易所。中心化的交易所的中心化主要体现在两个方面：一是资产控制，二是系统控制。资产控制非常好理解，它的运行模式与商业银行相似，客户注册为用户之后，把资产委托给交易所，由交易所进行管理。系统控制就是交易所所采取的平台，这个平台通常由一个有着强大处理能力的计算机处理单元和相关人员进行维护。传统的交易所自然有其特点，相对成熟的运作机制也是客户看好它的原因。

中心化也有不好的一面，甚至劣势明显。例如，某公司运行的财务系统是一个中心化系统，一直正常运行。但是有一天，有黑客入侵了这套系统，系统崩溃了，并导致公司的大量财务信息泄露。为了解决这个问题，该公司只能花钱聘请计算机高手对该系统进行维护，并进行了升级。但是该计算机高手强调说："再好的系统也只能用来防君子，防不了黑客。"言外之意是，该系统还有被攻击的可能。当然，去中心化的系统也会遭到黑客攻击，只不过黑客需要付出高昂的代价。

去中心化的交易所有以下几个比较突出的特点，这些特点正是区块链技术赋予的。

（1）有效防止黑客攻击。

中心化的系统通常拥有一个或者一组处理器去维持主系统的运行，其被彻底攻击了，整个网络也就被控制了。因为中心化的系统构架问题，黑客很容易摧毁它。但是黑客想要摧毁区块链网络却非常难，必须发动全网51%的攻击才有可能做到。事实上，黑客攻击一个网络的目的是获取利益，因此他们也会权衡利弊，判断攻击区块链架构的去中心化的交易所是否值得。如果不值得，就不会发动攻击。因此，去中心化的交易所在防止黑客攻击方面比传统交易所更加有效。

（2）防止道德风险。

传统交易所出现问题，多半并不是黑客攻击所致，而是从事交易所管理的相关人员做出了违反道德的事情，比如盗窃客户账号、挪用资金等。另外，相关管理人员工作不认真、责任心不强，也会导致各种问题。有人的参与，就会出现人的问题。去中心化的交易所不需要这么多人参与管理，甚至某些敏感环节可以交给区块链系统去处理。因此，去中心化的交易所可以有效防止道德风险的发生。

（3）降低交易费用。

传统交易所因为要借助大量的人员去维护，而且在运营成本方面也非常高，按照比例收取交易费用也是不得已而为之。许多客户常常因为交易费高的问题对交易所不满，并希望交易所能够降低交易费。去中心化的交易所因为区块链技术的参与，减少了中介，并且能够减少交易所的用人量，甚至可以把实体交易所变成虚拟交易所。去中心化的交易所因为减少了多种费用支出，交易费用自然就会降低，也就能满足客户的相关需求。

（4）提高交易速度。

传统交易所的交易速度还是比较快的，尤其是采用互联网技术后，能够比较快速、准时地帮助客户提交交易。当然，这种快是相较过去的慢而言的，而不是与区块链交易系统进行比较。很显然，区块链技术更先进，它能进一步提升交易所的交易速度，而且在稳定性方面也比传统的交易系统更好。因此，区块链技术架构的去中心化的交易所在交易速度方面比传统的中心化交易所优势明显。

当然，去中心化的交易所还处于理论构想阶段，区块链技术也远远没有成熟到毫无瑕疵的地步。只有当区块链技术发展到某一高度时，去中心化的交易所才能成为现实。

6. 去中心化引发的思考

有这样一个言论：“去中心化可能把人与人之间的信任也去掉了，这样的去中心化同样会引发危机。”有人支持去中心化，有人不支持去中心化。

一位支持去中心化的数字货币领域的专家说：“只有去中心化，才能让人们享受到同等的权利!”但是有人向他提问：“拥有这样的权利能够带来什么样的具体好处呢?”这个问题把这位专家难住了。后来，这位专家对此进行了一些解释，但是这些解释多半是技术方面的。比如，去中心化能够营造一种透明的环境；又如，去中心化可以防止道德犯罪。其中，道德问题是被提及最多的，甚至去中心化的目的就是解决道德缺失问题。现实中，解决道德缺失问题的办法有很多种，比如制定相关的法规和制度，又如接受监督部门的监督等。问题是，去中心化能完全消灭道德犯罪吗？恐怕不能，因为世界上不存在一种绝对的去中心化，也不存在一种绝对的中心化。通常而言，一个社会总是在中心化与去中心化之间波动。

有一部分人对加密持100%的支持态度。加密技术是区块链的重要技术之一，也是确保去中心化安全有效的关键技术。当然，加密技术是非常值得肯定的，比如保险柜。保险柜最大的特点就是设定了密码，提高了安全性。区块链的加密技术是一种公钥与私钥的“双层加密”，因此更加安全，提高了交易的安全性，即使是在去中心化、没有监督的环境下也可以尝试。但是需要强调的是，密码学是为了解决安全方面的问题，而不是取代信任。一位资深投资人说：“除了安全性，信任是最重要的。任何交易都离不开信任，这种信任不是技术信任，而是人与人之间的信任。”从某个角度上看，去中心化的目的不是取代某一事物，而是完善它。比如社会缺乏信任，我们可以借助区块链技术去完善社会信任和人与人之间的信任。

去中心化可能引发监管方面的问题。许多人之所以选择去中心化，是为了躲避监管，而不是营造良好的环境。例如，有一个地下钱庄，为了达到洗钱的目的，选择了比特币。众所周知，洗黑钱是一种违法犯罪行为，各个国家都在严厉打击这种行为，并推出了各种监管政策，相关部门会对任何一笔大额资金进行核实、审查。很显然，地下钱庄害怕这样的监管、审查，所以想尽办法躲避。因此，它们选择比特币，或者其他数字货币将资金转移出去，从而达到洗钱的目的。如果没有法律介入，一个无人监管的去中心化交易网络会造成许多问题，这些问题甚至会影响整个社会的和谐。一位资深媒体评论人说：“这样的去中心化不是民主，而是为了给某些‘利益’松绑。而这些‘利益’恰恰是不能松绑的，反而需要强有力的监管。”国家制定法律就是为了约束人们的一些不良行为。

一个良好的交易环境和管理环境并不是完全去中心化的，而是让去中心化的技术出现在最适合它的地方。只有这样，才能把去中心化的这块好钢用在刀刃上。

第六章

区块链与链接

1. 颠覆 or 共存：区块链与第三方博弈

区块链有可能令中介下岗，事实上，这种可能性真的存在，甚至在某种条件下，区块链取代中介也是有可能的。因此有人说："既然区块链可以让中介下岗，它一定会取代中介，成为一种新的第三方。"在这里，需要解释一下：中介与第三方有所不同。中介更像中间人，对技术的要求不高；第三方在技术方面的要求较高，有可能提供了技术平台，而且这个平台可能非常大，甚至承担着非常重要的职责。因此，区块链与第三方更多地处于一种合作或者博弈的状态。

首先，我们简明扼要地介绍一下第三方。支付宝是非常有名的第三方平台，而且功能强大，市场占有率很高。支付宝采用的技术是一种中心化的互联网技术，这种技术稳定性高，且代表着当前最先进的技术。到目前为止，支付宝并没有闹出大的乌龙事件。由此可见，互联网技术依旧非常强大，而且仍旧有广阔的发展空间。一位业内资深工程师说："我们所使用的互联网技术其实只是其冰山一角，21 世纪被称为'互联网时代'并不过分。区块链虽然看上去很美，但是还未成熟。目前，它还不具备与互联网抗衡的资格。"

众所周知，阿里巴巴在互联网技术的开发方面下了很多功夫，支付宝之所以安全、稳定，得益于这种技术的稳定以及强大的人力保证。换句话说，这种安全与稳定是靠强大的中心化机构建立起来的。除了支付宝，微信支付也是著名的第三方平台，它的可靠性可以与支付宝媲美。如今，扫描二维码支付的代表是支付宝和微信支付。可见，它们是具有垄断地位的第三方，而且得到了广大用户的信任，许多人甚至离不开二维码支付。面对这样一个强大的对手，区块链应该如何应战呢？

其次，我们要强调区块链技术的特点。某区块链领域的权威人士认为："区块链与互联网并不矛盾，而是可以兼容的。不能说，有互联网就不能有区块链，有了区块链就不能有互联网。"很多人对区块链的理解不全面。区块链是一种非常强大的技术，可以像互联网一样开发出成百上千种产品。但是人们在开发过程中遇到了许多技术上的壁垒。可见，区块链技术并不容易被掌握，它的开发难度比互联网的高很多。因此有人说："区块链只能开发代币！"然而，区块链还有更加强大的功能等待人们去挖掘。区块链开发技术要求开发者具备 Solidity 语言（合约导向式语言）和密码学方面的知识。如今，许多研发者几乎都是来自互联网领域的"技术宅"，需要摸着石头过河。

区块链技术是否具备与第三方进行博弈的实力呢？目前，它还不具备这样的实力，但是随着区块链技术的进一步发展，区块链的天然优势会逐渐体现出来。比如，区块链这种分布式账本可以做到"人人参与、人人查看"，账本是公开透明的，且数据无法被修改、删除，这项技能可以保证数据的真实有效性，也能够防止腐败和不公平的暗箱操作。区块链平台上的信息是按时更新的，比如比特币网络每 10 分钟就更新一次，也就是说，区块链平台上的信息是最新的。区块链技术还有一个优点，就是它可以减少人工谬误。中心化的操作系统都是通过人去维护的，甚至许多重要数据的录入、检查必须是"纯手工"的。一旦录入错误，或者有错误却没有检查出来，就有可能造成巨大的错误。因此，在中心化管理机构中，组织的管理者通常会强调员工的职业素养和职业精神，并借助制度去管理、控制。而区块链不需要人的操作和检查，可以取代人去做那些细致的活儿。最重要的是，采取区块链技术的交易平台可以缩短交易时间、降低交易成本。因此，区块链技术完全具备与第三方博弈的能力，只是这样的博弈是否有意义，需要人们辩证地看待。

当今社会是一个包容性很强的社会，还是一个讲究分工与合作的社会。如果我们把博弈换成合作，或许会取得更好的效果。区块链技术的出现并不是为了取代第三方，而是让现有的平台在功能上得到加强，并且解决传统技术无法解决的问题。

2. 区块链 + 跨境电商

电商是“新商业”的代名词，与传统商业有很大的不同。比如，过去人们购物需要去大型商场、小市场等地方；如今人们通过手机随时随地就可以满足自己的购物需求。可以说，电商改变了人们的生活方式，也让商业与人的关系发生了微妙的变化。

如今，国内有许多成熟的电商网站，比如淘宝网、京东商城、一号店、苏宁易购、卓越亚马逊、当当网等。这些电商网站各有自己的特色，如淘宝网主打“高性价比”，京东商城和苏宁易购在家电方面更加专业，一号店更侧重于生活用品方面的服务，卓越亚马逊和当当网更偏重于图书等文化商品市场。这些电商几乎能满足我们所有的购物需求。只要身边有一个能上网的手机，动动手指就可以购物。人们已越来越离不开电商，与此同时，希望电商能够给自己带来更好的服务。

国内的电商平台几乎都是采取互联网技术的中心化管理平台。每一家电商都有自己的中心化团队，这个团队相当于一个“司令部”，所有的核心指令信息都是从这个“司令部”发出来的。从电商网站上下订单、处理订单、发货、物流运输等环节都是人为操作的。因此，从下订单到发货有一个时间差，这个时间差就是人在处理订单时所消耗的时间。不过著名电商网站的处理速度是非常快的，几乎不存在时间差方面的问题，而且能够保证服务质量。但是跨境电商与国内电商有所不同，因为下订单与发货的地点在不同国家或地区，所以整个操作过程就会变复杂。熟悉跨境购物业务的人都知道，跨境业务需要先把人民币兑换成外币，然后用外币进行购买。这个过程听上去就非常麻烦，尤其是将人民币兑换成外币这一业务，需要几天时间才能处理完。许多喜欢跨境购物的人总是提前把人民币电汇出去，以防错过打折季。例如，年轻人小李非常喜欢户外运动。由于户外运动对运动装备的要求比较高，小李一直在国内运动品牌专柜购买商品。但是小李发现，国内的户外运动品牌专柜里的商品综合性能和价格折扣力度不如海外商家的。在朋友的建议下，小李走上了一条跨境购物之路。有一次，他在某国外电商网站上看到一款新百伦的慢跑鞋，而且折扣力度很大，这款鞋国内专柜没有上架，于是他就动了心。当他汇完款，再去下单的时候发现：这款鞋已经恢复原价了。小李非常失落，没想到自己遭遇了一次失败的跨境购物。现实中，像小李这样购物失败的人还有很多。为了解决这个问题，许多人干脆选择“海外代购”。如今，从事海外代购的人很多，但是海外代购的口碑不是很好，许多代购商真假掺杂着卖，让许多消费者头疼不已。那么如何才能解决这个问题呢？

事实上，区块链技术可以解决这样的问题。跨境电商是一个非常长的供应链链条。这个链条不但长，而且非常复杂，各种各样的中间环节非常多。仅仅转账汇款这一项，不但要耗费时间，而且需要支付较高的手续费。许多商业银行希望借助区块链技术解决跨境转账等问题。跨境电商也可以引入区块链技术，并借助区块链技术建立一套转账系统，这个系统的建立需要电商与银行合作才能实现。如果这样的系统建立起来，人民币兑换、电汇效率将会大大提高，而转账所产生的手续费也会大大降低。另外，跨境电商还可以借助区块链技术研发属于自己的代币，用户将人民币兑换成代币后，可以用代币购物。

区块链与跨境电商合作是一个非常好的设想，但是目前尚未见到成功的案例。因为各个国家对区块链方面的政策不一，“区块链 + 跨境电商”的合作还将继续延后。如果各个国家支持并积极推进区块链技术的发展和应用，区块链与跨境电商或许能碰撞出耀眼的火花。

3. 跨链技术：提升区块链价值

区块链被人们看好的原因在于能够提供更多、更好的方案，比如蚂蚁金服。蚂蚁金服早在 2015 年就成立了一个区块链小组进行区块链技术的研发。从 2015 年至 2017 年年底，蚂蚁金服已经申请了 49 项区块链专利技术。马云在一次产品推介会上说，蚂蚁金服目前是全世界申请区块链专利技术最多的公司之一，但是蚂蚁金服连 1 元的比特币都没有，因为区块链技术和金钱没有多大的关系。区块链不是一个金矿，而是数据时代解决隐私问题、安全问题、信用问题的一种解决方案。蚂蚁金服推出了一款电子钱包，这款电子钱包是基于区块链技术设计的钱包，能够实现跨境汇款全天候交易。

如今，越来越多的人开始分享区块链这块技术蛋糕，并且将其应用到联盟链或者私有链系统的构建中。许多组织、企业也想拥有自己的区块链网络，如某世界500强企业的一位高管称："我们公司有引入区块链技术的计划，希望借助区块链技术搭建一个区块链营销平台。"也就是说，联盟链和私有链似乎有更大的发展空间。当然，需要提醒的是：区块链的最大特点是去中心化、可查询、不可更改。然而，联盟链和私有链不可避免地会中心化，区块链一旦中心化，其不可更改、可查询等功能就会受到挑战。当一个人或者几个人控制了全网算力，就可以任意更改、删除数据。如此一来，区块链与互联网就没有什么区别了。去中心化的目的就是去除人为因素，让工作场景恢复本真，解决之前存在的问题。但是有人说："交易不可逆恐怕不是一件好事吧？万一某人因冲动而做出了错误选择，那该怎么办？"当然，任何事物都是有好有坏的，区块链也不例外。但是从一个相对客观的角度来讲，交易不可逆、不可删除、不可更改是利大于弊的。

为了进一步提升联盟链、私有链的核心功能，让功能更富特色，技术研发者需要"大开脑洞"。目前，一些研发者正在积极地研发"跨链"，希望借助跨链技术进一步提升区块链的价值，并且解决现有的区块链技术存在的技术不足和功能单一的问题。

目前主流的跨链技术有以下几种。

（1）侧链。

侧链是一种锚定式的新型区块链技术，能够搭建数字金融生态环境，且极具包容性。换句话说，它不像数字货币系统那样排斥其他的程序。因此，人们可以借助侧链技术将无数个功能强劲的小程序安插到区块链系统中，并形成一个强大的功能性的平台。众所周知，区块链平台的功能常常被人诟病，很多人认为区块链只有去中心化、共识、智能合约等几项有价值的功能，其他功能完全可以忽略。侧链技术的研发和使用不但能够丰富区块链的实用功能，而且可以轻而易举地建立起各种交易品的智能合约。

（2）公证通。

公证通即Factom，是一种跨链技术。公证通是一种数据记录和数据管理的方式。人们借助公证通，就可以构建一套功能强大的数据管理系统。那么，公证通能够应用于哪些领域呢？比如医院，医院可以借助公证通建立一套医疗信息记录系统。这套系统可以保存所有的医疗信息，并且给这些医疗信息盖上一个时间戳。又如电商公司，电商公司可以利用公证通建立一套供应链管理系统，不但可以用它保存数据，而且可以辅助区块链系统理顺供应链，让供应链保持高效运转。再如律师事务所可以利用公证通保存法律文案和客户资料，辅助律师事务所开展法律业务。公证通的功能非常强大，可称为新一代的数据记录方式，而且可以提高数据的安全性，提升区块链的核心技术。

（3）波卡链。

波卡链即Polkadot，是一种可伸缩的异构多链系统。这个系统是以太坊Parity科技部门研发出来的新技术，具备强大的拓展性和延伸性。也就是说，这项技术能够进一步拓宽区块链这条“公路”，让这条“公路”更加宽敞舒适，从而缓解“交通堵塞”现象。有人把波卡链比作区块链的“万能胶水”，它可以将各自独立的区块链有效地连起来，从而建立起强大的数据传送通道。

除了上述三种跨链技术，Ripple（瑞波币）公司和超级账本区块链协会联合推出了功能强大的互联账目协议——Interledger Protocol，简称ILP。人们可以将其应用在金融联盟里，将金融联盟中的成员有机地串联在一起。

如今，各种各样的跨链技术被推了出来，这些技术无疑能完善区块链的功能，提升区块链的商业价值。

4. 区块链 + 人工智能

当下比较火爆的几个概念包括大数据、物联网、人工智能、智能工业4.0等。这些概念似乎多多少少都有可能与区块链搭上关系。在这些概念中，人工智能异常火爆。什么是人工智能呢？人工智能（Artificial Intelligence，AI）并不是一个产品，而是一种技术，用来开发与人的智能相关的智能产品或者智能系统，如智能机器人、专家系统、语言识别装置等。人工智能分为两个部分，一部分是“人工”，另一部分是“智能”。“人工”的含义是人工技术，“智能”的含义则非常广泛了，包括意识、思维、自我等。换言之，一个高级的人工智能产品可以像人一样进行思考，甚至像人一样拥有情感。人工智能是一种技术总和，涉及信息学、控制学、自动化、仿生学、生物学、心理学、逻辑学、数学、哲学等。人们如果能研发出一款高级人工智能产品或者人工智能系统，将会给人类社会带来福音。

众所周知，阿尔法围棋就是一款人工智能产品，它的棋力已经超过人类职业围棋选手顶尖水平，先后战胜韩国围棋世界冠军李世石和排名世界第一的中国围棋高手柯洁。也就是说，人工智能产品可以在某个领域代替人，把人从该领域内解放出来，让人从事其他行业。如今，许多人工智能产品是与互联网结合的，即“互联网 + 人工智能”。那么，是否可以实现“区块链 + 人工智能”？一位人工智能界的专家说：“区块链是一个非常好的技术工具，它不仅是一个‘网’，而且拥有大量数据资源，而‘网’和‘数据’恰恰都是人工智能所需要的。或者说，‘网’和‘数据’是人工智能的灵魂。”

区块链是一个分布式的、稳定的数据库，人工智能则通过这些数据给出一个解决方案。如果将二者结合起来，将会获得新的突破。

首先，人工智能可以改变区块链。区块链虽然有强大的功能，但是也有其局限。比如，当下的区块链设备都是一些高耗能设备。虽然区块链技术被攻陷的可能性不大，但是区块链网络中的其他环节可能成为黑客的新攻击目标。人工智能能够帮助区块链网络降低被黑客攻击的可能性，继而提高区块链的安全性。又如，区块链网络的效率问题，事实上，区块链公有链并不像想象中的那么完美，它的效率反而备受诟病。人工智能技术可以帮助区块链减少交易延迟，提高运行效率。再如，区块链在硬件方面迟迟没有打开局面，而借助人工智能技术便可以做到。

其次，区块链可以改变人工智能。当下的人工智能虽然拥有一些非常不错的产品，但是这些产品只是不错，还称不上优秀。因此，人工智能需要区块链这个帮手解决一些相关问题。比如，区块链可以帮助人工智能"证明"自己，并且向人类进行解释，从而获得人类的信任。又如，区块链可以给予人工智能更多安全数据，这些数据可以帮助人工智能提供更多的服务。再如，区块链可以为人工智能进行加密，从而更好地保护顾客的相关隐私。还如，区块链可以帮助人工智能创造一个新市场，而这个市场完全是区块链领域内的，间接让人工智能进行跨界。此外，区块链中的智能合约可以实现对人工智能的控制，从而减少人工智能未来不受控的可能。

区块链可以帮助人工智能更加智能化，而人工智能可以帮助区块链在应用方面体现更多的价值。当然，这两项技术的融合并不能马上实现，毕竟这两项技术都还处于发展阶段。或许未来有一天，"区块链 + 人工智能"产品能够给人们带来惊喜。

5. 区块链助力“一带一路”建设

共建“一带一路”旨在促进经济要素有序自由流动、资源高效配置和市场深度融合，推动沿线各国实现经济政策协调，开展更大范围、更高水平、更深层次的区域合作，共同打造开放、包容、均衡、普惠的区域经济合作架构。共建“一带一路”符合国际社会的根本利益，彰显人类社会共同理想和美好追求，是国际合作以及全球治理新模式的积极探索，将为世界和平发展增添新的正能量。那么区块链在“一带一路”建设中能够起到什么作用呢？

互联网时代，互联网将全世界融为一体，让全球贸易一体化变得更加接近现实。科技的力量，不仅能够推动一个国家的发展，而且能够推动“一带一路”沿线各国的发展。

> 一个国家级贫困镇为了解决贫困问题，开始修路，且村村都通上了公路。有了公路，村里的农副产品被运出去，而村里的剩余劳动力也可以外出打工并开阔视野。修通路之后，这个贫困镇有了显著的变化。首先，做生意的人越来越多，农民拉着农副产品去镇上、县城贩卖；其次，来镇上旅游观光的人越来越多，旅客的增加促进了旅游业的产生和发展，很多农民开办农家乐并赚到了钱；最后，有了公路之后，投资人主动找上了门。村村通了公路之后，这个贫困镇用了不到5年的时间就甩掉了贫困的帽子，村民收入显著增加。

互联网能够建立起“信息公路”；而区块链可以帮助各国建立起

“技术公路”，并解决以下方面的问题。

（1）解决跨境结算的问题。

跨境结算与跨境支付一直是老大难问题，互联网技术没有解决好这些问题。区块链技术可以构建去中心化的结算系统，这个系统可以通过智能合约完成快速结算，不需要烦琐的中间环节，并且能够大大降低交易成本。另外，区块链可以消除境内与境外银行的合作障碍，实现“一带一路”沿线各国“一网通”或者“一线通”，不同国家或地区的银行也可以像国内的银行联盟一样实现自由结算、清算。

（2）解决跨国供应链的问题。

区块链能够疏通供应链，减少供应链中的环节，让供应链高效运转。当然，利用互联网技术也能解决某些区域内的问题。但是对于这样一条跨国供应链而言，似乎没有哪一个权威机构能够直接负责并掌管，到头来还是各管各的。区块链技术借助智能合约取消每一个区域内的中心化障碍，从而建立一条没有中间障碍的、去中心化的跨国供应链。

（3）解决物流方面的问题。

各个国家的交易离不开物流，物流是供应链的载体。以船运为例，外国轮船到国内港口卸货之前，需要提前申报海关，海关检查之后，进入各种手续的审查阶段，这个过程通常需要 1～3 天的时间。另外，物流报关的环节也是一个容易滋生腐败的环节。所以，区块链在物流方面也能解决大问题。比如，用区块链技术架构的报关系统，会更加高效，大大缩短了手续办理的时间，并且可以实现全天候服务；又如，区块链技术可以让敏感环节或者容易滋生腐败的环节去中心化，从而降低腐败行为的发生率。因此，区块链能够解决国际物流中存在的大问题，并降低物流中介费用。

除此之外，区块链技术还可以建立一个区域内的物联网，通过物联网加快区域内的物资流通、优化资源配置；区块链技术还可以在能源方面起到很好的作用，比如构建能源区块链。总之，区块链技术可以让“一带一路”沿线各国的合作更加务实，并且能够消除国与国之间的合作壁垒，进而实现“一带一路”区域经济一体化。

6. 区块链＋智能资产

智能资产可以在区块链网络中进行交易，区块链能够成为智能资产的载体和交易通道。除此之外，区块链技术还能实现哪些功能呢？区块链与智能资产能够擦出怎样的火花呢？

智能资产的核心是资产的控制权。如何让区块链技术实现对智能资产的控制呢？许多小区住宅所用的防盗门都装有密码锁，这些密码锁可以通过人工智能的方式与区块链网络建立联系。换句话说，一个人可以通过区块链的密码打开住宅防盗门的密码锁。如果他将该房屋出售给别人，这个人可以通过区块链平台将该房屋的所有信息一并打包出售，这样别人同样可以用区块链控制该房屋的密码锁。如果是出租房屋，只要在租赁期限内，智能合约的授权就是有效的；如果租赁期满，智能合约的授权就无效了，房屋的使用权自然就会回到房东手里，租客也就无法打开房门了。

除了房屋租赁、买卖，许多其他类型的智能财产也可以与区块链建立起深度链接，人们只需要把区块链客户端当成一个“遥控器”，就可以“遥控”自己的智能财产，或者非常简单方便地将自己的财产交易出去。房地产公司也可以利用这种办法售楼。比如，一个人看上了某小区的一套三居室的房子，于是贷款买下了这套房子。我们都知道，只有当这个人将全部的贷款还清之后，才能获得该房屋的所有权。我们可以把还贷交给区块链处理。如果贷款已被还清了，智能合约就会自动把房屋的所有权转到这个人的名下；如果中途违约不还，该房屋的所有权仍属于房地产公司，甚至连房门的密码也一并被收回。

7. 身份识别：区块链智能身份认证

有时候，人们会遭遇一种尴尬：出门未带身份证，却遇到了检查身份证的情况。

李大伟是某公司的销售员，经常出差。有一年，他到南方某城市出差，一切安排妥当之后，便找了一个小酒馆喝酒，结果喝高了。喝高了不要紧，在回宾馆的路上他把身份证弄丢了。回到宾馆后，李大伟倒头就睡了。第二天一早，派出所民警来查房。由于该城市近期有一伙毒贩，所以派出所民警进行大范围的排查，需要核实所有外来人员的身份。李大伟找了半天，也没有找到身份证。李大伟对派出所的民警说："警察同志，我的身份证丢了，大概是喝酒的时候弄丢了！"因为无法核实身份，李大伟也提供不了第二个证件证明自己是"李大伟"。换句话说，他根本无法证明"自己是自己"。后来，李大伟只好配合派出所民警的工作去派出所走了一趟。经过身份信息核实并补办了临时身份证明之后，他才回来。

事实上，这不是李大伟第一次出糗。上一次是 2 年前，仍旧发生在出差的途中。那一次是忘记带身份证了，当时，李大伟只好抱着侥幸心理坐长途汽车，结果，长途汽车行驶到半路，民警对车上的人员进行核查。虽然没查李大伟，但是也让他担心了一把。到了出差地点，准备办理住宿手续的时候，问题来了。宾馆的服务人员对李大伟说："如果您没有身份证，是无法办理入住登记的，我们宾馆有规定，顾客要住宿必须出示身份证。"无奈之下，李大伟只好换别的宾馆，结果一样。为了解决问题，第一晚他只能请求客户帮助他协调一个住宿的地方，然后让妻子发快递将身份证邮寄给他。

李大伟遭遇的尴尬，相信许多人都曾遭遇过。自从有了区块链技术之后，这个尴尬的问题将会被迎刃而解。区块链能够搭建一个身份识别系统，人们可以将个人信息上传到区块链上。

（1）将生物信息上传到区块链上。

身份证可以造假，但是，一个人的生物信息是无法造假的。因此，人们可以将一个人的生物信息上传到区块链上，比如，一个人的指纹信息。众所周知，指纹是鉴定核查一个人的身份信息的重要依据，警察破案经常依靠指纹。一个人如果能够提供自己的指纹信息，也就能证明自己了。

（2）将公共数据上传到区块链上。

一个人网购、打游戏等，都需要注册各种账号，注册账号的时候，多半要填写身份证号、手机号、家庭住址等重要信息，这些信息如同"身份证"。区块链是一个数据库，这个数据库是可查的。如果一个人通过区块链进行过交易，或者在区块链平台上有过活动，注册产生的所有信息就会被保存在区块链里。他如果遇到了民警检查身份证却恰恰没有带的情况，就可以登录区块链 App，然后对个人相关信息进行查询，并向民警提供相关的信息。

（3）将其他证件信息上传到区块链上。

我们可以将各种各样的信息上传到区块链平台上。比如，婚姻登记处可以通过区块链对结婚的人进行登记，而婚姻登记信息就会被记录到区块链上，如结婚人的姓名、性别、年龄、结婚时间、身份证号等。如果遇到检查身份证的情况，就可以登录区块链 App 查找到个人的婚姻登记信息。另外，还有一些公司推出“世界公民身份证”的项目，旨在把所有人的身份信息整理上传到区块链网络上，从而形成一个区块链身份证，这个身份证也同样具备证明自己的作用。

除此以外，户籍管理部门也可以采取区块链技术将所有的公民信息保存到区块链平台上。户籍管理部门还可以把身份信息制造成一个二维码，相关人只要提供这个二维码，就可以对个人身份信息进行验证。由此可见，区块链技术具备身份识别的功能。

8. 区块链 + 婚姻登记

有一句经典的钻石广告词：“钻石恒久远，一颗永流传。”钻石是世界上坚硬的东西之一，而且其物理属性相当稳定，因此钻石是“永恒”的象征。许多人的定情信物就是钻戒，希望两个人的感情像钻石一样永恒。然而当下年轻人的离婚率越来越高。那么婚姻与区块链有什么关系呢?

有人把区块链也当成一种永远不可删除的、永恒的东西。怎么去理解它呢？如果用区块链做一次证明，这个证明就永远无法被删除了。一个人如果在区块链上留下一句誓言，那它就真的是一句永远无法被删除的誓言了。

难道用区块链登记结婚，两个人的感情就不会发生变化了吗？当然不是，但是区块链技术能让影像、誓言等与结婚证明一样被完整地保存下来。把结婚证和结婚誓言、照片、视频等打包保存到区块链上，而后形成一种区块链产品。这个产品不仅不会被删除，而且任何时候都可被查看，它的珍藏意义比一份影集的珍藏意义更大。如今，现实中确实有这一类公司，虽然数量很少，但能够凭借新奇的点子吸引客户，让客户为自己永恒的浪漫“埋单”。

除此以外，还有一些婚姻登记处采用了区块链技术。世界上第一个用区块链登记结婚的案例发生在美国的佛罗里达州奥兰多的迪士尼世界的一个神秘的区块链会议上。男士戴维·蒙德鲁斯和女士乔伊斯·巴约用“扫描二维码”的方式在区块链上登记结婚，与此同时，还有一句誓言被记录在册，这句誓言是：“生命不是永恒的，死亡可以将我们分开，但是区块链是永远的。”

另一个利用区块链登记结婚的例子发生在2016年7月17日。一对名为奥列斯·斯洛博登纽克和伊琳娜·杜克诺夫斯卡亚的年轻人在婚礼主持人和众人的见证下，将他们的婚姻记录在了一个名为Weddingbook的区块链平台上。与此同时，两个人的照片、参加婚礼的见证人以及两个人的誓言统统被记录了下来。如果夫妻之间有“约法三章”的协议，也可以一同登记下来，从而防止婚后“赖账”行为的发生。

既然能够通过区块链登记结婚，也就可以通过区块链解除婚约，甚至还可以用区块链对婚内财产进行分割。比如，将婚内形成的共同财产信息上传到区块链上，在智能合约的管理下将其变成一种可分割的智能资产。如果双方的婚姻亮起了红灯，区块链可以代替律师，将婚内形成的共同财产进行分割，也就为双方节省了高昂的律师费和相关诉讼费等。由此可见，区块链技术可以与婚姻登记发生碰撞，并擦出有趣的火花。

9. 区块链链接“人类遗嘱”

有一个老汉，他有两个儿子和一个女儿。老汉的两个儿子与老汉不在同一个城市，老汉的女儿与老汉住在同一个小区。因此，老汉的女儿就自动承担起照顾父亲的义务，而两个儿子只在春节、国庆节等假期回家看一看父亲。

老汉身体不好，后来中风住院了。老汉的女儿、女婿几乎天天守在医院陪着父亲。久而久之，老汉就产生了一个念头。于是有一天，老汉对自己的女儿说：“姑娘，你是爸爸的贴心小棉袄，如果没有你，我早就死了。你的两个哥哥我是指望不上了，他们大概也快把我给忘了，很久都没有打电话了。你妈去世时留给我的这套120平方米的房子，我留给你。家里还有一点积蓄，不多，就留给你的两个哥哥。”女儿听了这话很感动，并且通过手机录音的方式将“遗嘱”录了下来。

几个月后，老汉去世了，没有留下书面遗嘱。老汉的两个儿子从外地回来奔丧，丧事办完了之后，便开始讨论遗产分配的事。老大说：“把父亲留下的这套房子卖了，三个人平分一下就行了！”老二赞同老大的意见，并补充道：“我看就这样分吧，或者多给小妹10万元，毕竟小妹照顾父亲多年。”当时，老汉的女儿拿出父亲的录音给老大老二听，听完了之后便发表看法：“父亲的意思是房子留给我，25万元存款你们俩平分，一人12.5万元。”老大老二听了之后非常激动，老大说：“小妹，你这样做很不厚道！我们俩不是不想照顾父亲，而是因为我们俩在外地工作。要是在身边，能不照顾吗？父亲住院，我们俩不也付过钱吗？”

因为遗产分配的问题，两个哥哥与妹妹发生了严重的冲突，后来只能找法院解决。老汉的女儿找到一位律师，律师竭尽全力帮她争取。但是最后因为该口头遗嘱并未及时得到公证，录音（缺少两个或两个以上的见证人）并不具备法律效力。于是，法院按照常规的继承方案，将老人的所有遗产按照1∶1∶1的比例进行分配。虽然最后两个哥哥每个人多掏出5万元对小妹进行了适当补偿，但是因为老汉的遗产，哥哥与妹妹的感情产生了裂痕。

除了上述案例，还有一些人在立书面遗嘱的时候，因措辞不严谨而导致遗嘱失效。可见，遗产分配问题是一个常见的、非常棘手的问题。那么区块链技术能否解决遗嘱方面的问题呢？

什么样的遗嘱才具有法律效力呢？首先，遗嘱需要措辞严谨，按照标准的立遗嘱的文体进行书写、记录；其次，遗嘱需要得到权威公证部门的公证，得到公证的遗嘱才具备法律效力；最后，立遗嘱的时候需要两个或者两个以上的见证人在场。如果按照以上三个标准立遗嘱，这份遗嘱是具备法律效力的。还有一个问题值得关注，就是遗嘱的保存问题。传统的遗嘱可以委托给第三方进行保存，比如律师事务所或者中华遗嘱库等。如果不小心遗失了遗嘱，需要按要求重新立。区块链的作用就在这里。如果人们把遗嘱上传到区块链上，这份遗嘱就会被永远储存在区块链上，而且是永远无法被删除和修改的。当然也就不用担心遗嘱原件丢失的问题了。区块链不仅能够提供一种保存功能，而且会对遗嘱进行加密，并且盖上时间戳，从而保证其法律效力。

有人问：“如果遗嘱有问题，需要对遗嘱进行修改，这该怎么办？”事实上，具备查看遗嘱权限的人可以在区块链上对遗嘱进行协同修改，并将修改意见一并上传到区块链上。美国有一家名为 Blockchain Apparatus（区块链装置）的区块链公司，这家公司就提供遗嘱管理方面的服务。该公司的一位技术负责人介绍公司的这项业务时说："区块链技术使遗嘱或其他文件的存在更容易得到证明，因为区块链保留其创作和提交到区块链上的记录。你不用再去猜测一份遗嘱是否是 5 年或 10 年前签订的。区块链可以给你更坚实、更好的证据。"

如今，许多人都在为分遗产的事情感到头疼。遗产原本是亡者留给最亲密的人的一份财富，分遗产也应该是开开心心的事情，可如今许多人反倒为了遗产而反目成仇。这里面有人性贪婪的问题，也有遗嘱自身的问题。如果区块链技术能够解决遗嘱方面的问题，使其更加符合人情，想必参与遗产分配的人也就不会发生争执了。

第七章

区块链与通证经济

1. 什么是通证

近一两年，有一个词被广泛关注，这个词就是Token，即通证。通证是什么呢？有人说，通证就是代币，与Coin是一样的。但是也有人说，通证不是代币，而是一种计算机语言，如果更准确一点来解释，通证就是“令牌”。在网络中，只有拿到“令牌”的交易信息才是合法的，才能进行交易。换句话说，通证还是一种权益证明。

现实世界里，能够被通证化的东西实在太多了。证券可以被通证化，基金可以被通证化，保险可以被通证化……只要是与经济打交道的，都有通证化的可能性。世纪互联数据中心有限公司的创始人陈升认为：“试想一下，无论是标准的还是非标准的商品或服务，都能够被数字化、通证化，并被上传到区块链上，进行低摩擦甚至零成本的交易、切割，世界将变成什么样子？人类的资产及其价值，将完全被激活。”

数字资产、智能资产都离不开通证。因此，我们需要了解通证。通证具有以下三方面的要素。

通证是一种数字证明。通证是一种以数字形式存在的权益证明，而且只能在网络上或者区块链系统中进行传播。它是一种证明，这个证明是有价值的，或者说是一种价值的载体。

通证具有加密的特点。通证就像区块链上的一个加密钱包，同样具备加密的特点。有人说：“既然通证这么重要，是一个令牌，所以就更需要设定密码进行保护。”因此，通证具备一定的保密防篡改的特性。在密码的保护下，通证才能发挥最大的作用。

通证能够像“令牌”那样流通。古代的令牌，就是用来流通的，只有处于流通的状态下才能传达命令。通证也是如此，它流通于网络或者区块链系统上，可以随时为某个东西提供验证。另外，有一部分通证可以直接用于交易。通证的载体有许多种，人们常见的理财产品、各种门票等都可以借助通证直接交易。

通证除了上述三要素，还有三个属性：通、证、值。

通，就是流通。我们可以把通理解为可交易、可兑换、可使用、可转让。有人把通证比喻成一张门票。我们都知道，门票就是进门的凭证，拿着门票才有进门的资格。门票是可以交易的，也可以用某种东西去兑换，而且可以转让，比如转让演唱会门票等。

证，就是证明。当然，这个证明是一种智能证明，它虽然类似于手写的传统证明，但是比手写的传统证明更加高级。它具备一种共识的特点，而且能够自动识别某项指令的真假。符合指令要求的，它才能去自动证明；不符合指令要求的，它就不去自动证明。有些人想要用“虚假的指令”去欺骗通证而获得证明权限，恐怕没有那么容易。

值，就是价值。通证是一个价值载体，而且它本身也是有价值的。如歌星演唱会的门票，价格很高，而且分很多档，如800元、1000元、3000元、10000元等。只要你支付相应金额，就可以购买相应价值的演唱会门票。通证也是如此，它既是价值载体，也是一种有价值的商品。

通证是集“通”“证”“值”于一体的权益证明，它不仅功能强大，而且适用范围非常广泛。例如，Q币是非常常见的虚拟货币，它隶属于腾讯公司，很多与腾讯公司有联盟关系的组织，都在使用Q币。Q

币可以用来购买虚拟物品、兑换奖品，还可以用来打赏，甚至还能够用来充话费等。事实上，Q币也是一种通证的形式，它可以以这样一种虚拟货币形式存在于网络之中，并且起到流通、交换、交易的作用。在区块链系统中，它不仅可以体现自己的价值，而且能够在权益流通过程中起到去中心化的作用，从而把区块链系统打造成一个真正的扁平化的系统。国内某区块链公司技术专家称：“如果说智能合约是区块链的左膀，那么通证就是区块链的右臂。在智能合约和通证的帮助下，区块链才能真正地体现价值。”

2. 通证让智能资产流通

通证是一个很有趣的东西，有现实存在的、具有“肉身”的通证，也有虚拟的、只有“灵魂”的通证。

什么是具有“肉身”的通证呢？前面我们提到的令牌、门票等，就是具有“肉身”的通证。通证是一种权益证明，只要是具备证明权限的东西都可以被称为通证。例如，一名新员工经过考核之后完全符合上岗标准，在上岗之前他必须取得授权。于是，他去相关部门领了工牌，这个工牌，其实就是一种通证。如果没有工牌，这名新员工是无法进入岗位区域进行工作的。

没有“肉身”的通证是以电子形式存在的。例如，一对情侣想要看一场电影，于是直接从网上买了两张电影票。进场的时候，这对情侣需要向检票员出示电子票二维码。检票员扫描二维码，验证成功，说明该电子票有效，这对情侣具备进影院看电影的权限。事实上，通证早已经进入人们的生活，只是大多数人没有意识到而已。

区块链与通证的碰撞能够产生怎样的火花呢？众所周知，区块链技术能够带来一种去中心化的运作环境，在这样的环境下，每一个节点都是平等且自由的，完全不受某一个中心化的指令的控制。区块链中的每一个节点都具备一种发起交易或者交流的权利，这个权利只有在区块链网络中流通，才能促成交易。这个权利是什么呢？其实就是通证。区块链上可交易、可流通的智能资产都需要通证。

通证能够简化交易手续，实现智能资产的高效流通。

> 老王是一个资深股民。老王认为，自己炒股多年，对股市非常了解。他断定，未来股价一定大涨。于是，他想从自己的股票中分拆出五万股送给女儿。但是问题来了，老王并不能将股票直接分拆给女儿，因为股票交易市场没有赋予他这种自由分拆、赠予的权限。而且，股票交易所也不会受理这样的业务，除非是企业级别的大客户分拆业务。因此，他唯一的办法是先卖掉五万股股票，然后用女儿的账号购进。当然，这不能叫“分拆”，而是重新购买。

这样的现象非常普遍，老王的股票是他的个人资产，但是他没有权利自由处理，这听上去似乎非常不可思议。就像一个人有 1 万元现金，他猛然间发现自己没有花钱的权利。如果股票交易所采取区块链系统，老王将自己的股票信息都上传到区块链上，就可以借助通证这样的载体向女儿发送一项赠予指令，只要女儿接受了这项指令，五万股股票将会被瞬间划分给女儿。如此一来，不可分拆的股票变成了可分拆的股票。更重要的是，老王拥有了自由处理个人股票的权限，随时都可以将股票分拆并送给他人。

区块链技术能够把资产变成智能资产，然而它还需要三个元素辅佐，才能实现自由流通。第一个元素是技术。区块链的多项技术可以建立一个智能资产交易网。第二个元素是智能合约。智能合约是一种合同，具备法律效力，对智能资产的拥有者提供法律保护，并且能够确保智能资产进行安全的、合法的交易。第三个元素是通证。通证就是权利命令，我们也可以把它看成一把“钥匙”，只有把“钥匙”交给你，你才拥有打开智能资产的权利。

有人好奇：“智能合约不就是一种通证吗?”事实上，智能合约与通证确实有一种紧密的、不可分割的关系。智能合约是一种智能协议，这种协议能够用来验证交易信息的真假，等同于一份电子合同。而通证等同于智能合约上的某一个信息元素的载体，如果没有“通证”这个信息元素载体，智能合约就起不到合同的法律效力。智能合约与通证共同作用，才能让区块链技术架构的去中心化、智能化智能资产交易网络变为现实。

一位区块链领域的技术专家认为：“区块链与通证原本属于两个不同的世界，但是二者具备一种‘天作之合’的缘分。区块链与通证相结合，才能发挥出巨大的威力。”由此可见，区块链与通证相结合才能让智能资产真正实现自由流通。

通证是区块链技术的重要帮手，它能够帮助区块链变成有特色、有效率、流通快的“互联”网络之一。当然，区块链网络与互联网是不同的，它是去中心化的，由无数节点构成。虽然它也像一张蜘蛛网，但是这张蜘蛛网中的每一个点都“独立自主”，而互联网中的每一个点并不是“独立自主”的。有人好奇地问：“难道通证就不能镶嵌到互联网里吗?”当然可以。通证可以以任何形式存在。只不过通证与区块链的碰撞，更容易产生化学反应。

有一位经济学专家认为：“区块链是一项基层技术，它主要提供环境，相当于后台老板；通证是一项创新技术，它为区块链环境中的各种资产提供‘令牌’，相当于前台经理。”换句话说，通证相当于“诚信管家”，为区块链环境中的交易提供了信任。因此，我们可以从三个方面进一步论述区块链与通证之间的亲密合作关系。第一方面，区块链是一种基于密码学原理而产生的技术，而通证恰恰也带有这样的密码属性，在二者结合的情况下，更能保证智能资产交易的安全性；第二方面，区块链是无数个节点与节点构成的网络，节点与节点之间由“通路”连接起来，通证的“通”同样依赖这样的“通路”，没有这样的“通路”，通证的“通”是堵塞的；第三方面，区块链为通证提供了一个“母体”，这个“母体”就是智能合约，而通证也能完善区块链的交易网络，让区块链展示出更加卓越的服务性能。

区块链能够代替互联网吗？这个问题也是由来已久的问题。众所周知，互联网已经改变了人们的生活，并且颠覆了传统经济。那么区块链呢？区块链是一项非常有趣的技术，区块链与通证的结合让区块链的技术功能更加强大，尤其是在资产交易、权益管理、身份认证等方面，更具“天然优势”。但是，我们用“取代”这个词并不妥当。因为互联网与区块链各自有擅长的地方，二者可以友好共存。比如，互联网在虚拟社区构建等方面，要比区块链更加人性化，琳琅满目的应用也要比区块链多得多；区块链更适合用来交易和认证，比如数字资产交易、数字资产认证等方面。

在区块链上进行储存、交易、流动的数字资产总和，也就构成了区块链经济。但是数字资产的流通依旧离不开通证，因此我们也可以把区块链经济称为通证经济。

有一个人开了一家蛋糕店，这家店采取“线上线下”互动的经营模式。客户可以在线上抢红包、抢折扣券，用红包或者折扣券抵扣蛋糕金额，客户从线上下订单，然后这家店委托“骑手”将蛋糕送到客户的手里。线下则是门店销售和门店体验。通过这两种方式，这个人的蛋糕店的生意还算不错。这个人是一个区块链“宅男”，对区块链技术非常着迷，于是他把自己的店挂到了区块链网络上，通过区块链进行售卖。

为了刺激客户购买，这个人在区块链上发送了88元购买100元的代金券，人们可以从区块链上购买这种代金券。其中，有一个叫“小白”的客户非常喜欢区块链，于是“尝鲜”式地购买了两张代金券，并生成了两张代金券“二维码”。“小白”并不会在区块链上下订单，而是拿着二维码直接去实体店购买蛋糕。到了店里之后，这个人告诉他如何在区块链上直接下单……“小白”终于学会了在区块链上买蛋糕的方法。

这个人在区块链上发售了很少的代金券，而且几乎很少有人在区块链上下订单，但是这样的尝试是非常有意义的。这个人认为：“区块链是非常好玩的一个东西，而且将代金券通证化，人们就可以购买它然后用于购物。”这种消费也就带动了通证的流通，并让数字资产流动起来，而这种流动的本质是通证应用脱虚向实的过程。

事实上，通证经济并不是一门新兴经济，而是区块链的出现将这种经济形式更加“纯粹”了。通证鼓励人们大胆使用区块链，相信区块链，然后把想要交易的东西和相关权益证明搬到区块链上，比如，股票、资金、门票、点卡、积分、资质、合同、鉴定、产权等。当然，前提条件是交易所及相关监管部门也要搬到区块链上，以保证安全，不脱离监管和合理把控。

区块链技术能够构建一个快速流通的环境，通证则可以让数字资产的流通更加安全可信。区块链与通证的结合直接激活了通证经济，通证经济作为一种“新型”经济模式，未来对传统经济模式的影响难以估量。

3. 通证经济与区块链创新

任何事物的发展与创新，都是由某种需求推动的。通证这个词虽然是新的，但是它的“令牌”功能却一直伴随人类的发展而存在。很多人为了健身办理健身卡，只要拿着健身卡就可以到指定的健身俱乐部去健身，而健身卡就是一种通证。通证无处不在，而且它有很多种存在形式。通证经济的概念被提出来后，许多业内专家都十分看好它，认为通证经济是未来经济的一个发展方向。

为什么许多专家都看好通证经济呢？它到底能给人们带来怎样的好处呢？换句话说，它的意义在哪里？我们可以从以下几个角度去思考、分析。

第一，通证经济可以促进供给侧的改革。供给侧改革就是在供给方面做出创新。通证具备这样的能力。通证在带来权益证明的同时，可以确保所有的资产、证明等在区块链环境中高速流通，而且交易、认证是高度透明、可查询、不可删改的，能够促进供应市场的市场化建设，从而建立一条高效、安全的供给侧链条。

第二，通证经济可以加快流转速度。一个国家经济环境好坏的判断标准之一是它的运转速度。就像一条河，流淌的速度越快，水流越湍急，就越有生命力；如果这条河流速减缓，甚至不流淌了，恐怕就会变成一潭死水。通证和区块链共同作用，就可以提高经济的运转速度。通证可以承载无数与经济相关的符号在区块链网络中高速运转。通证是有密码的，而区块链本身也是基于密码学设计的。在密码的保护下，通证经济流转速度快，从目前的技术发展来看，较为安全。众所周知，互联网正在改变经济发展走向，甚至互联网已经对传统经济有所颠覆，互联网经济已经成为当今时代的一种重要经济形式。很显然，通证经济也将因其优势而占据一个重要的位置。

第三，通证经济可以提高价格的敏感度。产品市场价格反映一个产品的价值，产品价格反映越灵敏，市场活跃程度也就越高。通证的好处是，让每一个产品都能够最大限度地、精确地流通起来。而区块链的作用就是建立通道，把所有的产品信息都推送到各个角落，扩大通证经济的运行面积。换句话说，运行面积越大，通证经济的功效也就越强。

第四，资产智能化是当下被广泛研究的课题。智能资产的运行需要通证，更需要区块链技术的发展与创新。一位业内权威人士提出了这样一个想法：“如果将区块链、通证、大数据、人工智能结合起来，就能颠覆传统经济，并带来一种全新的、革命性的新型经济。”

现实中，人们对传统经济形式的不满和对新经济形式的需要，间接刺激了互联网与区块链的发展与创新。对于区块链而言，想要肩负历史的使命，就需要创新。如今，区块链技术仍处于起步阶段，它虽然具备一些优势和特点，但是不足以担任重要的角色。

一位业内专家提出了一个畅想——区块链创新的三个方面。第一个方面是，区块链对当前的分布式数据库进行升级，让区块链上的用户能够更加方便地享受共享服务，从而提高区块链的数据库容量；第二个方面是，加强场景方面的应用，也就是将区块链技术应用到现实场景里，就像互联网那样，构建起一个“场景”与“场景”的网络，这也是促使区块链技术具有实际价值的关键；第三个方面是，拓宽通证运行的通道，只有通道是畅通无阻的，通证才能发挥效力。

由此可见，人们的需求决定了区块链必须升级、创新，通证同样需要区块链进行升级、创新。只有升级、创新了的区块链系统，才能肩负起推动经济发展的重任。

第八章

区块链与百姓生活

1. 区块链离百姓生活远吗

讨论区块链与百姓生活的距离，就如同在拨号上网年代讨论互联网与百姓生活的距离。我们都知道，在拨号上网的年代，拨号上网的时候，不但外面的电话打不进来，而且上网的费用非常高，许多家庭承受不起上网的开支。在拨号上网的年代，互联网与百姓生活还是有一段距离的，只有个别家庭能上网。

凡事要以发展的眼光看待。互联网的发展速度非常快，几乎每一年都有变化。2000 年之后，随着宽带的普及，人们对互联网有了全新的认识。如今，互联网已经成为人们生活中不可分割的一部分。

目前，区块链还没有流行起来。至少当我们打开电脑时，还不能通过电脑登录任意一个区块链网络。有些人认为："区块链只适用于特殊行业或者特殊领域，距离我们的日常生活很远。"如果以当前的眼光去看，确实如此。一方面，区块链系统并没有架构出像互联网那样的网络框架，因此它不具备互联网那样的普及率。另一方面，区块链技术还不完善，参与研发的组织、企业、科技人才依旧比较少，更多地停留在理论方面。因此，许多人还不太信任区块链，甚至有人认为区块链是用来骗人的，老百姓对区块链的认识依旧存在很大的不足。随着区块链产品的逐渐出现，或许人们对区块链的看法会有所改观。

虽然区块链距离百姓生活还有点儿远，但是，我们相信很快区块链就会成为人们生活的一部分。如今，许多部门、机构正在高速研发区块链技术，希望区块链能改变传统的经营模式，提高工作效率。比如商业银行，商业银行对区块链技术非常感兴趣。某位商业银行行长认为："区块链非常适合当下的银行交易系统，它可以帮助当下的银行进行交易工作减负，并且降低道德风险的发生率。"这位商业银行行长并没有谈区块链的去中心化优势，而是从减轻工作负担的角度去思考区块链的价值。另外，区块链技术可以降低银行交易费用。这位商业银行行长补充道："客户早就希望商业银行提供免费服务了！"

如今，有一些国家试图将区块链应用于交通行业。有家区块链初创公司与某地方政府进行了一个实验，这个实验大体如下。区块链初创公司设计一套区块链系统后，将交通程序安装到区块链中运行。在没有人操控的情况下，实现红灯停、绿灯行以及其他交通指示。这个实验是在内测环境下进行的。据了解，内测结果是令人满意的。现实中的交通环境与模拟环境还是有很大区别的，因为现实环境中总有人不遵守交通规则，闯红灯等现象屡禁不止。也就是说，这套系统能否经受住现实的考验，还很难说。

物流、医疗、保险、教育等行业都有人开始关注区块链。我们用了"关注"一词，这是因为，在区块链技术还没有成熟之前，许多行业都有可能关注，但不会盲目投资。一位连锁教育机构的负责人称："如果区块链技术能够帮助我们解决招生的问题，我们机构就会斥资引入。"后来，国内一家从事区块链研究的互联网公司的负责人找到这家教育机构的负责人，并称："区块链平台可以为招生提供服务，并且区块链技术有管理学生的档案等功能，它比传统的互联网软件强大得多。"观望是一种理性的态度，区块链技术依旧需要提升才能赢得人们的信任。

在我国，从事区块链技术研究的权威组织，几乎都是国内比较知名的互联网企业，如百度、网易、腾讯、阿里巴巴、美图等公司，这些公司每年都在申请大量的区块链技术专利。相信未来某一天，区块链能像互联网一样给老百姓带来巨大的便利。

2. 区块链与智能家庭系统

有这样一个科幻故事，故事中的男主人叫约瑟夫。他有一栋可以用手机控制有关设施的房子，用手机遥控窗帘，用手机打开电视机，用手机打开音响……

约瑟夫的手机里有一个程序，这个程序连接着一个区块链系统。他房间内的所有智能产品的运行状态、价值属性都被记录在册。如果有一天，约瑟夫想要换一台新电视机，他可以将旧电视机通过区块链系统出售，很快就会有人上门取货。当然，这套区块链系统是带有“口令”的，或者说是加密的，其他人的手机无法做到。

如今，区块链并未与智能家庭建立起关系，但是这种构想与尝试，有可能解决智能家庭的诸多问题，比如隐私问题。

有一对新婚夫妇，两个人都是技术宅，对各种各样的新奇智能产品感兴趣。于是，他们选择了某个品牌的智能家居系统，并且将电视机、电冰箱、空调、窗帘、音响、灯具、新风系统、监控等做了一个智能整合，只用一个遥控器就可以遥控整个系统。

起初，两个人对这种科技感十足的东西非常好奇，并且从中获得了超出预期的体验。就像前面故事中的约瑟夫一样，有一种“遥控器在手，天下我有”的感觉。但是随后有一天，发生了一件事。这对新婚夫妇收到了一个信封，信封里面有一封信和一个U盘。信中写道：“你们不认识我，但是我对你们非常熟悉，你们很快就会认识我了，请你们打开U盘，里面有一个视频。”这对夫妇非常恐慌，于是将U盘插到电脑上，然后点开视频。看完视频之后，他们大吃一惊，视频记录了他们的性爱场景，而拍摄的摄像头，恰恰是他们自己安装的摄像头。

不久之后，夫妇又收到了一条短信，短信是这样写的：“如果你们报警，或者找相关部门进行调查，我相信你们的视频将会被传遍网络，而你们很快会成为‘名人’。如果你们想要让我销毁这个录像，很简单！只要你们往某账号上转入10万元，你们就会收到母盘。”对于这对年轻夫妇而言，这样的事情足够他们焦头烂额一阵子了。

为了解决这件事，他们成了黑客的待宰羔羊。这对夫妇先后向这个黑客打了三次款，一共打了17万元，黑客才把母盘交给他们。这对夫妇非常生气，然后将家里所有的摄像头拆掉，将智能系统也关掉了，后来还起诉了提供智能服务的科技公司。科技公司为了消除负面影响，最后赔偿了这对夫妇23万元，而攻击系统的黑客却始终没被抓住。

当人们看到这个案例后，或许会倒吸一口气。难道智能家庭系统这么不靠谱吗？众所周知，这样的智能系统通常是一种中心化的智能系统，因此它由一个控制总单元管理。一些大规模、有实力的大型科技公司，通常不担心系统遭受攻击，唯一的问题恐怕是因道德问题而造成的客户信息泄露；而一些小公司，通常租赁服务器，或者选择配置较低、安全系数较低的小型服务器进行控制，这样的服务器很容易被黑客入侵。换句话说，如果一个家庭选择了小科技公司提供的服务，而这样的服务器存在被黑客攻击的隐患，就可能出现严重的问题。所以说，如果一个家庭选择中心化的智能操控系统，就应尽量选择有实力的大公司所提供的服务。即便如此，还是存在隐私被泄露的风险。

上述约瑟夫的故事中，约瑟夫的智能家庭系统采取的是区块链系统，这套系统是去中心化的，而且是加密的。区块链中的每一个节点都是“自治”的，约瑟夫拥有对智能家庭系统完全的掌控权，而这个掌控权依赖于智能合约。另外，区块链系统不需要中间控制环节的参与，人为造成隐私泄露的概率也将大大降低。更重要的是，一个黑客想要对区块链发动全网攻击是非常困难的一件事，发动一次攻击的成本要远远高于诈骗获利。某区块链科技公司的老总认为：“区块链技术可以提升智能家庭系统的安全性能，有效防止黑客的攻击，继而保护智能家庭系统用户的个人隐私。”

虽然区块链与智能家庭系统的结合尚处于研究阶段，绝大多数的智能家庭系统仍旧选择中心化的管理系统。但是，区块链的技术优势非常明显，而这种技术恰恰能与智能家庭系统进行结合。或许未来的某一天，每个人的家庭都像约瑟夫的家庭那样安全而有趣。

3. 区块链与家庭购物

对于一些不喜欢购物的人而言，购物是一件非常麻烦的事情。一方面，他们需要抽出时间去超市或者商场；另一方面，他们还需要对所选的商品进行评估。互联网带来了电商，倒是可以让这一群人坐在家里进行购物，比如只要登录淘宝网或者京东商城下订单，就可以购买自己喜欢的东西。

有一个年轻人，他工作非常忙，而且经常加班，过着一种典型的、忙碌的程序员的生活。因此，他所有的购物需求都是通过上网解决的。有一次，他想要买一个可折叠的健身器材，用来满足每天健身10分钟的需求。于是他登录了一家网站，然后选择了一个微型健身器材下了单。3天之后，健身器材到了。他满怀期待地打开快递箱，按照图纸将健身器材安装完毕。起初，这个健身器材非常好用，但是1周后，其中的1根弹簧出了问题。因为还有4根备用弹簧，于是他就自己换了1根。用了不到2个月，所有的弹簧都不同程度地出现了问题。他只好联系卖家，但是卖家给他的答复令他颇为不满。

众所周知，电商时代并没有完全解决消费者的维权问题。虽然买家可以给卖家“差评”，但是如今催生了“删除差评”或者“刷好评”的作弊服务。迫于现实状况，这个年轻人还继续选择网上购物。他无奈地说：“平时工作太忙，根本没有时间去商场购物，但是网上购物有一个很大的缺点，似乎很难买到100%满意的东西。”他举了一个例子，几天前他看到一款衬衫，颜色、图案都是自己喜欢的风格，于是他选定尺码并支付了账款，商家发货了。衬衫到了之后，他发现自己买的衬衫偏瘦，他怀疑衬衫是假货。而这家店却打着“专柜正品”的旗号在卖。

为了证明该衬衫是假货，他拿着衣服去实体店做了对比，布料的手感以及衣服的尺寸都是有区别的。他问专柜柜员：“您能不能看看我这件衣服是真的还是假的?”专柜柜员说:“我们专柜不提供真假鉴定服务，但是我们的建议是您在专柜购买。”如今，网上的各类虚假购物信息层出不穷，售假行为较为普遍，互联网技术似乎无力改变这个事实，只能通过出台“举报”“处罚”规定等方式“规范”市场行为。

欧洲某国的一家购物平台，现在正在尝试将电商与区块链技术进行结合。这个购物平台的管理人员说:“区块链有很多互联网所不具备的优势。比如，一个苹果从摘下到包装成商品，再到电商上架，人们对中间的过程是不清楚的。但是区块链能够使相关信息透明化。”对于这个问题，有消费者怀疑:“许多电商不是也把所有的过程以‘广告’的形式描述出来吗?”但是我们需要反问一句:“这样的描述性‘广告’的可信度高吗?”区块链能够做到的是:果农将种植信息传递到区块链上，包括果园的环境、果树的管理、水果的采摘时间、水果的新鲜程度等。这家购物平台为了确保产品信息的真实性，提高产品质量，由专人负责农场的监督工作。

除此以外，澳大利亚有一家类似的区块链购物平台，这家购物平台与上述欧洲某国的购物平台的经营思路非常相似。该购物平台的数字顾问感慨道:“这同样适用于新鲜水果和蔬菜的追根溯源，尽管包装上注明了产品信息，我们还是不能确定这些产品到底来自何处。”区块链技术便在这里有了用武之地，它可以公开产品从“生产到销售”所有环节的信息，从而打消消费者的疑惑。就像这位数字顾问所说:“区块链将使各种产品提高透明度，包括从牛油果到耐克运动鞋在内的一切产品。”

如今，虽然还没有一家大型区块链购物商城，但是许多大型电商都在朝这个方向努力。换句话说，区块链购物平台是一种可行的、可靠的平台，如果它能够变为现实，将会改善消费者与电商之间的信任关系。

4. 区块链与百姓养老

如今，中国已经进入了老龄化社会，养老问题已经是一个国家性的大问题，老年人口比例越来越高，新生人口增长速度却呈现下滑趋势。也就是说，人口红利指数在下降，而保证人口红利是解决养老问题的一个重要方式。当下已经离退休的老年人，表面上似乎不太担心养老的问题。一方面，他们都有稳定的退休金；另一方面，他们有相对完善的医疗保障。金钱养老和医疗养老是养老问题的两个重要方面，如果能够解决这两个方面的问题，就可以极大地缓解养老的基本问题，但是无法缓解养老的所有问题，比如老年人的精神养老问题。

据相关权威部门统计，我们老年人口规模到 2026 年将超过 3 亿人，2037 年将超过 4 亿人。换句话说，每四个人里面就会有一个老年人。当下，“四二一”家庭越来越多，四个老人，一对夫妻，一个孩子，这种金字塔倒挂的家庭构成会造成很大的养老压力。夫妻工作忙，便将孩子交给老人看管。老人身体条件好，是这个大家庭的福分；如果老人身体条件不好，或者生病住院，就会给这个家庭带来沉重的负担。另外，当今社会，人类的价值观与过去有较大的不同，许多人为了追求利益而淡化了亲情关系。有一位空巢老人讲：“我只有一个孩子，孩子在外地工作。只有他需要钱的时候，他才会主动打电话给我。”这句话透露出老人的无奈，许多老人不指望“子女赡养”，而是选择另一种养老方式，比如去养老院、疗养所等。

王老太太的儿子在美国。因为语言问题和生活习惯问题，她没有选择出国，而是在71岁的这一年选择了一家高档养老院。

这家养老院的条件不错，当然收费也是非常高的。在这里可以选择单人房，也可以选择双人房。王老太太性格有点孤僻，所以她选择了单人房。每天早晨，养老院的服务人员都会定点叫老人起床，然后组织大家吃早餐，早餐之后是自由活动时间……因为是高档养老院，活动设施非常多。虽然活动设施很多，但是缺少必要的活动组织。这里的老人依旧孤孤单单、郁郁寡欢。

王老太太也是如此。她入住养老院1个月，没有认识一位朋友。她喜欢打桥牌，但是没有人组织打桥牌。在养老院住了不到2个月，王老太太就选择了回家。此时，王老太太所在的社区在办"居家养老"活动，养老服务直接由与小区合作的养老服务中心提供。但是王老太太说："这样的养老服务也是可有可无的，根本体现不出养老的意义。"经过半年的思考，王老太太终于想通了。她决定去美国和儿子一起生活。

王老太太的这个决定出于无奈，客观反映出当下的养老环境确实不太好。想要解决这个问题，除了增加人口红利、加大养老基础设施建设、提高养老护理员的职业水平，引进一项新技术也是非常有必要的。比如，有人提到将百姓养老与区块链技术进行结合。这样的设想并不是空想，而是基于区块链技术的特点而进行的一种养老新模式的尝试。以王老太太的养老案子为例，王老太太因为孤独离开了养老院。这说明，养老院在老年人精神养老方面还存在很大的问题。

一家养老院的管理者认为："其实，养老院每天都会举办活动，但是许多老年人因为活动缺乏吸引力并没有积极参加。"如果养老院能够解决活动的趣味性问题，就可以大大缓解老年人的孤独问题。老年人如果积极参与养老院组织的活动，对自己的身心健康有帮助。例如，某养老院引进了区块链技术，通过区块链技术开发了一套“活动任务积分”系统。一个老年人积极参与活动，凡签到一次，便可以得到10个积分的奖励；一个老年人主动组织一项活动，便可以得到50个积分的奖励。参与的活动越多，得到的积分奖励也就越多。积分有什么用呢？积分可以用来兑换各种各样的礼品，如500个积分可以换一个保暖杯，1000个积分可以换一个台灯，2000个积分可以换一个电饭煲，10000个积分可以换一个笔记本电脑等。积分奖励，不仅能够提高老年人参与养老院活动的积极性，而且会改善老年人的心情。这些积分的形式并不新鲜，但其本质和我们在前文中讲到的通证不谋而合。在这其中，区块链技术担负了平台的作用。

区块链技术与百姓养老的结合并非狂想，某些高科技公司正在积极研发这样的项目。比如，深圳一家区块链公司正在开发一个名为“联养链”的区块链产品。如果这个产品取得了成功，就会对当前落后的养老系统进行升级，并提供一种极具市场价值的智能养老模式。

5. 区块链与百姓投资

区块链与百姓生活到底有多远？这是一个难以回答的问题。如果以发展的眼光去看待这个问题，就会发现，区块链距离百姓的生活并不远，当下已经有一些较为成功的区块链产品。区块链能否帮助老百姓赚到钱呢？一位资深投资专家非常看好区块链，他认为：“区块链拥有非常强大的技术优势和平台优势，在投资、交易等方面比互联网优秀。

在区块链平台上可以“镶嵌”许多业务，其中有的业务具备良好的市场前景，比如前面讲的智能家庭系统、区块链电商、区块链养老等，这些项目都可以成为老百姓潜在的投资对象。另外，许多区块链初创公司也在“招募”股东，有条件的人可以“挑战”一下，成为某初创公司的股东。以下是四种与区块链相关的投资项目。

（1）投资知识。

在区块链技术的推动下，知识产权更能够得到合法保护。智能合约和通证的存在，在保护权利人的知识产权的基础上让其知识得到广泛的传播。众所周知，互联网技术对知识产权的保护似乎是非常有限的，许多业内专家依旧建议权利人去花钱申请知识产权保护。区块链技术则不同，它可以向权利人提供一种产权保护，从而防止知识产权被剽窃。因为区块链的特殊技术，人们可以在区块链平台上注册成权利人，通过写有吸引力的文章赚钱；另外，还可以在区块链平台上注册一个写作组织，招募有实力的写手写作，这也可以是一个很好的方法。

（2）投资概念。

有一种投资叫“概念投资”，这种投资需要投资者拥有一定的市场敏感性，能够对当前热门的概念形成准确的判断。概念投资属于一种较高级的投资方式。比如，许多投资者因几年前投资了互联网的概念项目而发了大财，那么，区块链中是否也有类似的概念项目呢？答案是：非常多！区块链平台可以“嫁接”各种各样的项目，比如医疗项目、保险项目、认证项目、积分项目、通证项目、私有链或联盟链项目等。这些项目都可以成为概念项目。一个人如果既懂技术，又有一定的资金，就可以独自投资一个项目；如果不懂技术，但有一定的资金，可以以入股的形式参与区块链项目。需要注意的是，项目投资有风险，在没有深入了解的情况下，投资不要跟风，应客观评估后再做决定。投资概念项目有一定的风险，但仍旧可以挑战一下。

（3）投资社群。

互联网时代出现了一种新型商业模式——社群商业。许多人都在借助微信、QQ 等社交工具建立自己的社群。例如，陈某建立了一个紫砂壶拍卖微信群，这个群拥有 462 人，是一个名副其实的微信大群。陈某于周二、周四、周六晚上 8：00 进行紫砂壶拍卖。如果区块链技术成熟了，像陈某这样的年轻人就可以把社群搬到区块链上，区块链技术更适合于构建社群。或者说，一个人可以投资一个属于自己的私有链，这个私有链中的每一个节点就等同于微信群中的一名成员。在区块链社群中进行交易，买家和卖家都能够得到更加有趣的体验。

（4）投资内容。

这里所说的“内容”，是一种“内容载体”。例如，许多名人都有自己的微博，这些微博点击率很高，且“粉丝”非常多。许多人借助自己的微博人气，进行内容传送。比如，有商家想要借助某位名人的平台进行广告宣传，需要支付相应的报酬。除了微博，许多人都在打造微信公众号，这些公众号也可以变成内容广告公众号，有人想借其打广告，就需要支付宣传费用。因此，我们也可以打造一个区块链内容平台。但是，这需要相关部门建立完善的管理体制，实行有效的投放策略，通过各方的共同努力来营造良好的生态环境。

第九章

区块链的应用

1. 区块链改变金融支付

说到金融支付，最先跃入我们大脑的是支付宝和微信支付。只要商家提供一个二维码，人们就能实现扫码付账。或许有人会想：这大概就是终极支付手段吧！一位哲人说过："时代在不断发展，因此会产生种种不确定性。"言外之意是，支付宝与微信支付并不是终极支付形式。未来，可能会出现别的有趣的、充满个性的、安全系数更高的支付方式。

众所周知，传统的支付方式主要有三种：现金、刷卡、移动支付。顾名思义，现金支付就是"一手交钱、一手交货"式的支付方式，消费者需要携带现金。如果购买低价商品，携带少量现金还是比较方便的；但是，如果购买价格高的商品，携带大量现金既不方便又不安全。刷卡支付比现金支付方便，仍然是当下主流的支付方式之一。许多人喜欢刷卡，各种类型的卡装满了整个钱包，比如储蓄卡、信用卡、购物卡等。用卡购物就已经非常方便了。当许多人认为"刷卡是终极支付方式"时，移动支付出现了。移动支付可以让一个人不带现金、不带卡，只需要带着手机出行，便能"扫"遍天下。支付宝、微信支付等，不仅丰富了支付方式，而且把支付变得更加简单、直接、高效。如果我们用发展的眼光看问题，就会发现世界上不存在一个"终极无边"的东西。区块链技术出现之后，似乎有望改变传统的支付方式。

区块链对支付方式的影响和突破不亚于支付宝、微信支付等。或者说，区块链也是一项能够改变金融支付的创新技术。OKCoin 币行（隶属于北京乐酷达网络科技公司）创始人徐明星认为："中国监管机构对区块链新技术非常重视，对行业的发展促进作用很大。目前金融技术的标准都掌握在外国人手中，中国如果能积极发展区块链技术在金融领域的应用，那么或许会完成弯道超车。"也就是说，区块链技术有可能被运用到中国的金融领域里，而"区块链 + 支付"就是最受关注的热点之一。

说到支付，我们不得不提"跨境支付"这个概念。从事外贸生意的人都知道，跨境支付是一件非常烦琐的事情。即使我们拥有了支付宝、微信支付等支付方式，也很难破解跨境支付的难题。通常来讲，交易付款一方需要通过 SWIFT（环球同业银行金融电讯协会）向交易收款一方的商业银行发送交易信息，然后将货款打给交易收款一方指定的银行账户。如果大家认为，交易就这样顺利结束了，那就大错特错了。传统商业银行对跨境支付的款项要进行层层核实，就像通关审查各种有效证件一样，复核完所有的资料，大概已经是第二个星期的事情了。传统的跨境支付，不仅支付效率低下，而且会消耗大量的人力与物力，产生非常高的中间费用，给人一种"将帅无能、累死三军"的感觉。

与之相比，区块链技术带来的支付就简单多了。第一，区块链去中心化的技术可以让交易双方的信息更加透明对称，为跨境支付提供了一个阳光环境；第二，区块链技术是去信任化的，不需要中间商提供信用凭证；第三，区块链上的一方发起交易，交易完成后，交易信息无法被更改，从而确保交易的真实性；第四，基于区块链技术的支付系统，不会产生任何附加费用，而且可以让跨境支付的完成时间缩短到 0.01 秒。

基于区块链技术的支付系统有哪些优势呢？

（1）支付更加安全。

在互联网时代，支付安全是一个重要话题。当下的诸多支付形式，都存在不同的安全隐患。区块链技术下的支付形式则相对安全。因为在区块链技术下，黑客的犯罪成本太高。

（2）交易信息不可更改。

一个人如果对某一笔交易产生反悔之心，想要借助一定的手段消除交易记录，在区块链系统中，很显然是无法做到的。只要交易双方完成了交易，交易记录就会被记录在区块链中的某个区块里，且不能被删除。有人甚至开玩笑地说："区块链技术可以让支付变得'冷酷无情'！"

（3）寻根溯源成为易事。

区块链技术可以让寻根溯源变成一件非常简单的事情。人们既可以按照时间顺序去追踪、查找交易信息，也可以进行公开查证。

区块链技术是一项看上去"大公无私"的技术，可以让支付环境更加安全、公平，可以让支付变得更加简单、高效。随着区块链技术的不断完善，其在支付方面会带给人们更多惊喜。

2. 区块链升级清算与结算

清算与结算，是商业银行、证券交易所等的最核心的业务组成部分。清算，是结清点对点剩余财产债务债权关系的过程；结算，是清偿点对点商务活动债务债权关系的过程。如果我们把交易支付比作业务的前台，清算与结算就等同于业务的后台支持与管理。传统的清算与结算业务，依赖大量的人力劳动。互联网时代来临后，清算与结算中的一部分工作交由电脑完成，但核心部分依旧需要人力实现。因此某商业银行行长认为："清算与结算是责任最重大、过程最烦琐的工作。"清算与结算依赖人的职业素质，需要建立在精湛的专业技能基础之上。

2017年，招商银行成为第一个借助区块链技术实现跨境人民币同行结算业务的商业银行，因此也成为"区块链技术红海"里第一个"吃螃蟹"的商业银行。从本质上来讲，区块链技术是一项去中心化、去信任化的分布式电子账本，这种账本具有不可更改、不可删除、可寻根溯源、点对点即可达成等特点。区块链技术一出现，就在金融界引发了热议。

招商银行看到区块链技术在跨境支付方面的技术优势，于是对清算与结算系统加以改造、升级。正如招商银行一名技术人员所讲："招商银行在区块链清算上探索了很长一段时间，本次项目上线，目标着眼于未来与同行在金融科技上的合作。区块链从一开始就是'多中心化'的，这意味着任何一家参与方在链上同等重要，参与方越多，效果就越显著。"

当然，招商银行对区块链技术的应用还处于测试阶段，仅应用于招商银行总行与六个海外分支机构间的清算业务。众所周知，基于区块链技术的"分布式账本"是去中心化的，不依赖某个中心化的系统，也不依赖密集型的劳动力去反复地计算、审核。在区块链上完成的清算与结算过程会被即刻记录在区块链中的某一个区块上，形成永久性的数字证据。我们如果把区块链比作一个计算器，把清算与结算比作一道算术题，只要将算术题输入计算器里，就可以迅速得出正确结果。

另外，区块链技术中的去中心化分布式的点状交易模式也是吸引招商银行的地方之一。商业银行的清算与结算系统是一套中心化的系统，一切业务都要严格围绕这套系统进行。如果这套系统被黑客攻击，抑或崩溃，所有业务就会停止，所造成的损失恐怕不可估量。去中心化的清算与结算交易系统则不同，不会因为一个节点遭到攻击而“全盘尽毁”。因此说，基于区块链技术的清算与结算系统是更加稳定可靠的，是对原有的中心化的清算与结算系统的升级。

由互联网大鳄腾讯公司牵头设立的中国首家互联网银行微众银行更是对区块链技术有着自己的想法。2016 年，微众银行与华瑞银行联合开发了一个基于区块链技术的清算、结算系统，并将这个系统应用于“微粒贷”业务中。微众银行是一家没有实体网点的线上银行，所有的业务都依赖互联网，因此，借助新技术实现快速、准确的清算与结算是一项非常重要的工作。首先，区块链技术是一种 P2P 技术，这种技术有点像 F1（世界一级方程式锦标赛）赛场上的“直道”，只要加足油门，就能提高处理文件的速度。其次，借助区块链技术设计的私有链清算与结算系统，更是安全无比，很难被黑客攻陷。商业银行的“信用凭证”在很大程度上取决于管理系统的安全性。

除此以外，区块链技术还可以帮助商业银行进行“征信”。现在，商业银行查询企业的信用，都是通过人民银行进行的。商业银行在没有取得“征信”结果的情况下，给企业放款就会存在很大的风险。如果建立一套“区块链 + 征信”系统，贷款客户就可以在该系统上进行贷款申请，商业银行可以借助这套系统查询客户的相关信用，并根据实际情况进行放款。

有人说：“区块链不需要商业银行和证券公司提供‘信用凭证’，

它可以让客户放心大胆地发起任何一笔交易。”从某个角度讲，区块链并不是虚拟的，而是一项真实存在的创新技术。虽然现在人们依旧离不开中心化的清算与结算系统，但是未来的某一天，区块链技术将会改变甚至取代传统的清算与结算系统，并且将其技术优势发挥到极致。

3. 区块链与存证

人们常常因为文件因保存不当丢失而后悔万分。如果是一些比较重要的文件或者存证，就会给人们带来非常大的麻烦。存证就是储存的证明、证据，如发票、收据、合同、协议等，这些东西都是非常重要的。

刘某在某公司从事采购工作。他是一个非常憨厚的人，工作勤恳，并没有因为掌握采购权力而损公肥私。因此，他在供应商的眼里拥有一个不错的形象。有一年，供应商供应了60吨物资，并给刘某开具了发票，但是刘某不小心把发票弄丢了。他深知发票的重要性，没有发票就入不了账，入不了账的这笔财务款需要他来承担。

于是，刘某私下找到供应商，并向供应商坦露实情：“实在不好意思，我把发票弄丢了。你想办法再给我开一份发票吧，要不然我这边无法结账，而且无法给贵公司付款！”供应商得到此消息后，如实告诉刘某：“重复开发票恐怕不太好办！”后来刘某找到财务负责人，财务负责人想到了一个用“发票复印联”冲正的方法才得以补救。虽然最后解决了问题，但是刘某心有余悸，他想，要是发票是电子版的就好了。

电子存证是互联网时代的一种存证。比如在京东商城购物，京东商城会给你一张电子发票，这张电子发票与实物发票的法律效力是相同的。当然，也有电子合同、电子协议、电子收据、电子凭证等。互联网技术已经改变了传统存证的储存状态，而且这类存证通常不会被丢失，除非储存该存证的设备出了问题，或者被黑客攻击并删除。可见，互联网技术存在安全隐患。

与互联网技术相比，区块链在存证储存方面更具优势。众所周知，区块链网络不依赖某个中心处理单元，它完全是去中心化的，因此它不会因为某个处理器出毛病而丢失数据。另外，区块链公有链比互联网系统更加安全，黑客想要攻击它需要借助强大的算力。更重要的是，区块链形成的数据是无法被删除的。有人说："区块链就是一个无法删除的、功能强大的账本。如果票据丢失了，完全可以通过区块链找回!"由此可见，区块链技术是非常适合保存存证的。

区块链技术还能解决"存证造假的问题"。例如，一个人开了一家物料公司。一次，一位供应商给他送来了 40 万元的货物，并开具了发票，办理完入库之后，他去抵扣发票，这时才发现，供应商提供的发票是假发票，增值税根本无法抵扣。于是，他找到供应商，并对供应商说："发票是假的，你给我重新开一份发票。"供应商的发票是找某机构代开的，供应商找到了该机构，该机构的负责人说："假发票的事情都是之前的一名离职人员操作的。"后来，这个机构重新开了正规发票，问题才得以解决。我们知道，区块链技术的灵魂是智能合约。凡是在区块链上进行的交易，都必须履行智能合约。智能合约认证通过之后，就会形成一个真实的交易数据，然后根据这个数据进行相关存证的开具和认证。

总之，区块链技术在存证方面的应用前景是广阔的。区块链存证技术可以提供版权存证、证书存证、音频存证、视频存证、财产存证、遗嘱存证、发票存证、借款存证等。国内某区块链平台的技术顾问认为："区块链凭借在存证方面的巨大优势已经开辟出一个'存证市场'，人们对'存证'永久性保存的需求也越来越高，因此区块链存证市场的前景是非常广阔的。"

4. 区块链保护知识产权

一个年轻人非常喜欢文学，于是他在某文学网站上注册了一个账户，然后开始了文学创作。他写了一部魔幻题材的小说，点击率挺高。就在这时，他发现：在另一个文学网站上有自己的文章，但是署名并不是自己，而是另一个人。

他非常生气，于是找这个"侵权者"理论："这是您写的吗？如果不是您写的，请自行删除！"但是这个"侵权者"的口气非常强硬，而且拒不承认自己的侵权行为，并反问年轻人："你能证明这部小说是你写的吗？如果不能，请闭嘴。"年轻人发现，这个"小偷"不但胆大妄为，似乎还是一个"惯犯"。于是他收集了一些相关证据，将这个"小偷"和相关网站一起告上了法庭。这个年轻人赢了官司。后来，这个年轻人不再继续在原网站上创作小说，而是选择了一个新网站。新网站有一个特点，不提供文字复制功能，而这个功能大大降低了知识产权被侵犯的可能性。

许多人都在通过自己的脑力劳动去赚钱，比如写稿件、制作插图、讲课等。互联网也提供了这样一种便利，许多人也因此赚了大钱。许多网络文学创作者通过写网络小说而走上了一条康庄大道，赚钱的同时也赚了名声。但是，互联网上的剽窃事件频发，这导致许多人对互联网感到疑惑，这么先进的、能够改变世界的技术竟然在知识产权保护方面起不了多少作用。有这样一种观点："互联网为'小偷'提供了方便，许多'小偷'拿着其他人的劳动成果发了财。"一位知识产权遭到侵犯的受害者认为："如果互联网不能帮助我们解决知识产权的保护问题，互联网将摧毁与之相关的行业。"这句话虽然有些夸张，但是也反映了人们对知识产权保护的迫切需求。

区块链去信任化的特点似乎在知识产权保护方面有用武之地。去信任化并不是没有信任，而是形成一种新信任——技术信任。与此同时，区块链系统中所形成的新区块都是带有不可篡改的时间戳的。当然，互联网技术同样能提供时间戳，但是这样的时间戳可以伪造。因此，互联网上的黑客、"小偷"非常多，甚至受害者对他们的龌龊行为毫无办法。

有一位互联网专家说："互联网技术可以解决知识产权的保护问题。解决方式可以通过一些相关的互联网软件来实现。"这些软件能起到怎样的作用呢？我们可以用另一个互联网技术人员的话来回答：黑客可以对软件发起攻击，并能得到自己想要的结果。因此，互联网并不能为知识产权的保护提供终极解决方案。

如今，有一些区块链技术公司开始研究"产权链"。这个产权链是根据区块链技术的时间戳分布式计算技术而设计研发的，它不仅能够保护相关人的知识产权，并且能够打上时间戳，提供一种不可删除的信任。即使如此，仍旧有人不信任区块链技术，并担心自己的劳动成果有可能被剽窃，这该怎么办呢？有一个终极解决方案：去相关部门提前进行知识产权的注册和申请。国内有一位知名编剧有一个非常好的习惯：

当他写完剧本故事大纲之后，便会花一点钱注册知识产权。提前注册知识产权有三大好处，即防止他人抢注、防止他人侵权和保护个人利益。这种方式可以彻底解决知识产权的相关问题。一位区块链技术专家说："知识产权部门可以借助区块链技术升级原有的注册登记的流程，这样能够大大降低相关费用。"许多人并不是没有知识产权的保护意识，而是因为注册登记知识产权的费用比较高。如果能够降低相关费用，就能够带动知识产权保护方面的发展。

总之，区块链与知识产权保护能够发生非常有趣的碰撞并能擦出美丽的火花。知识产权部门可以借助区块链技术提升服务质量，并降低服务成本，鼓励更多的人去主动保护自己的知识产权。

5. 区块链提升防伪技术

有市场的地方，就有造假现象，并且这种不良现象似乎屡禁不止。更为奇葩的是，有一些人竟然支持假货，其中有一个人说："真货太贵，所以才有了假货。如果真货卖价很低，假货就没有市场了。"

南方有一家皮具厂，这家皮具厂专门做 OEM（原始设备制造商）代加工。所谓 OEM 代加工，就是为某些知名品牌公司代加工。像这样的企业，该地区还有很多家，而这一家皮具厂比较有代表性。众所周知，OEM 代加工利润很薄，代加工一个钱包，恐怕只有几毛钱的利润。有一些皮具厂为了摆脱这样的加工模式，逐渐走上了品牌经营道路，建立自己的设计中心，拥有自己的设计团队和品牌。如果品牌打响了，产品的利润也会有几倍的增长。但是这家皮具厂却走上了另一条道路——造假。

某公司的老板找到这家皮具厂，希望这家皮具厂能够代加工奢侈品品牌的皮具。起初，皮具厂的老总并没有同意，后来这位老板给出了很高的价，并向皮具厂的老总承诺："你们只负责加工，其他法律责任都由我来承担。"皮具厂的老板利欲熏心，选择了造假。该皮具厂通过造假获利数百万元。尝到了甜头后，该皮具厂竟然选择了一条专业造假的经营之路。据说，该皮具厂生产冒牌 LV（路易威登）、GUCCI（古驰）等多个奢侈品品牌皮具，造假技术几乎可以以假乱真。但是，造假没有好下场。几年之后，这家皮具厂便被查封了。

造假成本低，利润高，有些商人甘冒违法风险。另外，假货泛滥的原因之一是真品的防伪技术不够好。比如某酒厂生产的白酒，其防伪技术应用在玻璃瓶上。有一位从事防伪标记生产的老板开玩笑道："这样的防伪标记，恐怕小作坊也能模仿出来。"后来，有一些公司采取互联网技术进行防伪。互联网技术是如何防伪的呢？比如，一些白酒生产公司在其瓶盖上印上一个二维码，消费者只需要用手机扫一扫二维码，就能扫出该商品的相关信息，如白酒的生产年份、生产厂家、零售价格等。这样的防伪水平似乎已经非常高了，造假者很难模仿。但是有一位业内人士说："二维码也可以造假！"俗话说，道高一尺，魔高一丈，造假技术似乎已超出了人们的想象。

传统防伪技术起不到杜绝造假的作用，互联网技术似乎也不能杜绝造假，区块链技术能解决防伪的问题吗？区块链是一项"中性技术"，所谓"中性"，就是没有好坏之分，用好了它就是好的，用坏了它就是坏的。区块链是一个账本，这个账本里面所记录的数据可以用来验证真伪。例如，有一家酒厂生产白酒，生产出来之后，就会将其编号入库。只不过这家公司选择了区块链登记入库，每一个批次的酒在区块链上都有一个相应的“账目”。换句话说，一个人要想验证这款酒的真假，只需要登录区块链平台进行查询即可。这种防伪方式似乎与互联网二维码防伪有相似之处。不同之处在于，互联网技术的二维码可以随意生成，而且能把伪造的信息一并植入二维码，或者对二维码中的信息进行修改；相比之下，区块链技术的防伪验证码是无法修改的、唯一的。也就是说，该酒厂生产的白酒，其防伪验证码是唯一的。

区块链防伪技术还有什么优势呢？其大概有以下三个优势。第一，通过区块链平台登记并流转的商品，都有对应的不可更改的记录，这个记录具备可溯源的特点，人人都可以登录区块链平台进行查询；第二，区块链平台所登记的信息是不可更改的，另外，时间戳也能提供“时间”防伪；第三；区块链账本是一个公共账本，每一个节点都不具备修改账本的权限，因此它能抵制“后台腐败”，防止产品信息被修改。

如今，许多互联网企业或者区块链公司正在研发区块链防伪技术，比如腾讯公司与茅台酒有“区块链防伪”等项目的合作。区块链防伪技术将大大提升防伪技术水平。

6. 区块链提升公民服务水平

互联网时代的公民服务效率已经比过去传统的公民服务效率大大提高了。如今，许多政府都使用了互联网技术架构的服务系统，这一系统不仅效率高，而且出错率低。比如，有一个人丢失了身份证，他需要去派出所挂失并补办一张身份证。互联网的优势是，所有人的身份信息均能直接从相关系统中查询到。只要你提供姓名、年龄等信息，派出所负责户籍管理的工作人员就能快速查询到你的信息，并且帮你补办身份证。互联网技术是一项伟大发明，几乎改变了所有的行业，优化了人们的办公系统。那么区块链技术在公民服务方面有哪些功能呢？

（1）提高身份验证准确率。

互联网技术所具有的人员身份信息储存、筛选等功能，区块链技术也有。互联网系统内的某些数据可以被篡改、删除，而区块链系统内的数据是无法被删除的。只要在区块链系统中录入的数据是正确无误的，这个数据将会被永远保存下来。区块链技术在身份验证方面具有先天优势，借助区块链技术能够提高身份验证的准确率。

（2）实现信息共享。

互联网是一个非常棒的信息共享平台，但它依然是中心化的，垄断组织可以对信息源进行控制，比如删除某些信息。区块链技术则比互联网技术“纯粹”得多，在“非垄断”的前提下，区块链技术能够提供一个更好的信息分享、共享平台。在这样的平台上，每个参与者都平等地分享信息，平等地获取信息，实现了基于信息分享的信息共享。

（3）提高信任。

区块链的去信任化被很多人误解。许多人都认为，信任只能产生在人与人之间，而不能产生在人与机器之间。但是，社会发展到现在，人与人之间的信任却在逐渐消失，社会正面临着信任危机的考验。在这种情况下，借助技术优势搭建一个信任平台就非常重要了。区块链技术恰恰能提供这样一个平台，这个信任平台虽然是去信任的，但是更值得信任。因此，区块链技术搭建的信任平台可以提高公民对相关部门的信任。

（4）提供产权保护。

我们知道，相关部门对公民提供的产权保护等保护性服务也是一项重要服务。这项服务过程里，也有对相关证件、身份的核实。有一些人借助假证和假身份进入某一个行业，然后借助假身份盗窃他人的产权，这会对这个行业造成一定的破坏。相关部门对相关人员的证件、身份、学历等信息进行严格鉴别，才能把产权保护工作做到位。借助区块链技术，有关部门能够非常准确地对相关人员的证件、身份等进行核实。

（5）办公透明化。

许多部门的办公服务信息难以做到透明、公开，如此一来，就有可能滋生各种腐败。对于政府服务性部门而言，办公透明化是非常重要的一项改革。正如一位政府官员所说："组织部门不仅要将服务信息进行公开，甚至还要将与公民相关的所有的信息都公开，主动接受人民的监督。只有这样，才能建立廉洁、高效的服务系统。"很显然，去中心化、信息公开透明的区块链平台可以帮助政府部门实现这个愿望。

（6）减少开支。

区块链技术能够代替一部分"人工"，而且可以消灭服务通道中的中介部门，不仅能够提高服务效率，而且可以大大减少开支。如今，政府部门也在想办法对庞大的组织系统进行"瘦身"，不仅想要减少相关工作人员的数量，而且要降低运营成本。

区块链技术可以与政务系统、公民服务系统相结合，并建立一套新服务管理系统，而这样的新系统在许多方面都可以发挥作用。

7. 区块链改进物联网

“物联网”是当下人们谈论较多的一个词，物联网是“万物联网”，英文名字是 Internet of Things。物联网与互联网之间存在着密切关系，物联网的整体架构是互联网。换句话说，互联网是物联网的底层技术。物联网是一个技术集合，涵盖了传感器技术、RFID（射频识别）技术、嵌入式系统技术等，还可以进行加密。

物联网的概念是在 1999 年被提出来的。物联网有三大特点，即智能、先进和互联。物联网是一种解决物与物之间、物与人之间、人与人之间互动问题的技术。例如，许多酒店安装了智能消防系统，如果某一个地方着了火，着火时产生的烟雾达到一定的浓度时，火警感应系统会自动报警，与此同时，消防花洒便会自动启动并喷水。这是一个非常简单的物联网方面的应用，从中人们能发现物联网所展现出来的价值。物联网的用途非常广泛，它能在环保、智能制造、能源、智能交通、供应链、农业、医疗等方面发挥作用。众所周知，物联网离不开互联网。那么，物联网能与区块链进行合作吗?

当下，在物联网发展过程中有五大尚未彻底解决的问题。

一是设备安全问题。自从物联网的概念被提出来后，这个问题就一直没有解决。物联网所采取的系统与互联网所采取的系统是一样的，这样的系统面临巨大的、被黑客攻击的隐患。一旦被黑客攻击，或者感染病毒，这个物联网系统就会陷入瘫痪。

二是兼容问题。物联网遭遇的壁垒与互联网遭遇的相似。我们都知道，中国的网站与美国的网站有所不同，不同之处在于语言和服务器。

物联网也是如此，在技术语言和服务器管理方面都存在兼容问题，这导致物联网并不能真正实现全球物物联网，而只能实现区域内的物物联网。

三是多设备协同问题。物联网需要许多设备协同作用才能被构建起来，但是这些设备多半是中心化设备，每一个设备还需要命令程序去控制。换句话说，物联网由许多中心化的设备和系统组成，如果没有足够强大的协同能力，物联网就很难发挥作用。

四是技术架构的成本问题。物联网是一个庞大的网络，在技术架构方面需要消耗许多的人力、物力。除此之外，物联网的覆网面积越来越大，物联网的中心控制能力就需要加强。因此，物联网管理者需要根据物联网的覆网面积的扩大而不断增强物联网的中心控制能力，增加维护人员和技术处理设备的数量。

五是隐私安全问题。随着物联网技术的不断发展，物联网系统中的诈骗、攻击行为随之增加，对用户隐私安全的冲击尤为突出。如果物联网不能很好地解决隐私安全问题，就会遇到发展瓶颈。

区块链技术能否解决上述问题呢？事实上，区块链技术确实可以带来一些新思路、新方法。

（1）设备安全方面，区块链技术架构的系统是更加安全的，黑客想要攻击区块链架构的系统是非常困难的，要付出更大的代价。如果在某些易遭攻击的环节采用区块链技术，或许物联网的设备安全性能会有质的提升。

（2）兼容方面，区块链系统也能起到很好的支持作用。众所周知，区块链技术不需要某个服务器来提供服务，它能真正体现无国界的特点。因此，世界各地都可以用同一种语言和技术设计、构造基于区块链的物联网，而基于区块链的物联网会更加兼容、好用。

（3）多设备协同方面，区块链技术的优势更加明显。区块链是去中心化的，可以消除中心化的中介障碍，从而让物联网的诸多设备协同一致。

（4）技术架构成本方面，区块链技术不依赖中心处理系统，因此也就不需要一个庞大的组织去运营物联网，自然会帮助物联网降低各项运营成本。

（5）隐私安全方面，区块链技术架构的平台是一个加密平台，有了双层密码的保护，物联网也将更加安全、可靠，隐私方面的问题也就能顺利解决了。

区块链技术不但可以提升物联网的整体性能，而且可以对物联网进行改造。同时，借助物联网提供的广阔应用空间，有望发展出更多成熟的区块链应用，拓展区块链产业规模，促进产业生态完善。

8. 区块链重构保险行业

人人都需要保险，保险就等于保障。员工在单位工作，单位都应为他们缴纳基本养老保险、基本医疗保险、工伤保险、失业保险、生育保险等社会保险费。其中，基本养老保险费、基本医疗保险费和失业保险费由个人和单位共同缴纳，工伤保险费和生育保险费则完全由单位缴纳。除了这些基本险种，个人还可以花钱购买商业保险，比如财产保险、人寿保险和健康保险等。每个人都应该有保险意识，并购买合适的保险。

虽然人们知道保险是好东西，但是许多人似乎不敢购买保险。有一位保险行业的资深人士认为：“保险行业依然存在着许多问题，如果这些问题得不到解决，保险行业走不出‘泥潭’。”如今，保险行业存在以下几个问题，区块链技术有能力解决相关问题。

（1）诚信缺失。

现在有一个保险乱象，许多保险推销员为了完成考核任务，在推销过程中夸大保险的功能，甚至提前向客户承诺：“您购买了这种保险，出了问题之后保险公司会100%给您赔付！”很显然，这是一种欺骗客户的行为。缺少诚信的推销行为已经成了保险行业内的一个普遍行为，如果不对这种行为进行控制，客户早晚会跑光。区块链有一项智能合约技术，保险公司可以将保险合约智能化，通过智能合约迫使人们诚实守信。如果客户使用区块链购买保险，也会避免遭到一些不道德的推销员的欺骗。

（2）价格太高。

许多人没有选择购买保险的原因在于，保险产品的价格太高。众所周知，保险产品的价格由两部分组成，一部分是保险内容本身的成本，另一部分是附加保费，包括利润和附加费用，其中附加费用包括管理费用、佣金或手续费等。例如，一名客户购买了1000元的保险产品，其中约有150元佣金。许多客户对保险推销员的高额佣金提出质疑，认为保险公司应该取消这样的佣金制。如果保险公司能够采取区块链技术平台进行线上保险营销，将会减少营销人员数量，从而促进保险公司提供纯保险产品，纯保险产品的价格相对较低，这样的保险产品或许更容易被广大客户接受。

（3）赔付程序太复杂。

保险理赔也是当前保险公司被广泛诟病的方面，一个符合赔付条件的赔付总被一拖再拖。比如，一位男士购买了一份人身意外伤害保险。这位男士乘车出游时，出了事故，大腿骨折被送往医院治疗。也就是说，这位男士遭遇了典型的意外事故，符合赔付条件。但是保险公司拖了近1个星期，才把赔付款交到这位男士的手里。保险公司是一个中心化的管理公司，赔付款需要层层审批，只要有一位领导不在，赔付款就办不下来。如果客户急需赔付款，恐怕就会误了客户的大事。

区块链的智能合约是非常简单的，只要符合赔付条件，智能合约就会发起自动赔付命令，然后将赔付款直接打到客户的账户上。换句话说，区块链可以大大简化赔付程序，提高赔付效率。

（4）理赔难。

事实上，真正懂保险或者认真阅读保险合同的客户少之又少。许多人生病或者住院后，找到保险公司要求理赔，但是保险公司审核后告诉客户："您这类情况不在保险范围内，保险公司不予赔偿。"因此，许多客户起诉保险公司，认为保险公司在理赔方面故意刁难人，或者故意不理赔。区块链技术能解决这个问题，并且能快速核实相关赔付标准，对符合标准者快速理赔，对不符合标准者也会进行合理解释。区块链技术可以解决理赔难的问题，并因此缓解保险公司与客户之间的理赔矛盾。

（5）匹配度低。

保险公司推销员推销保险产品时，倾向于推销能为自己带来丰厚佣金的产品。由于推销员的私心，许多客户买不到真正适合自己的保险，而是买了一堆理财、分红类的保险产品。如果保险公司利用区块链平台搭建保险营销渠道，客户就可以根据自己的需求去进行关键词搜索，从而选择更适合、更贴近自己需求的保险产品，因此也就不会被一些低素质的保险推销员牵着鼻子走了。更重要的是，客户能够找到匹配度高的保险产品，最大限度地满足自身的需求。

除此之外，区块链技术还可以让保险公司的服务效率更高、运营成本更低、服务系统更加安全且有保障。区块链与保险的结合，能够重塑保险行业。

9. 区块链改变传统医疗

有一个人感觉身体不太舒服，就去医院检查，经过检查，得知得了乙肝。许多人都有一种“谈乙肝色变”的恐惧，得知某人得了乙肝，都会远远地躲着他。这是一种歧视，但是这种歧视很难短时间改变。得知自己得了乙肝，这个人便问医生：“我的病能治愈吗?”医生说：“彻底转阴性的可能性不大，但是可以控制住乙肝病毒，防止肝脏进一步受到损害!”换句话说，乙肝是一种可控的慢性疾病，只要控制得当，乙肝患者与正常人无异。

后来，这个人请了病假，住院接受治疗。许多朋友得知他生病了，便到医院探望他。有些朋友问他：“你得了什么病？严重吗?”这个人担心朋友们知道自己得了乙肝，便撒了一个谎：“喝酒喝成了酒精肝，需要降酶治疗一段时间。”但是，还是有一些人好奇，便向护士打听：“我的这位朋友到底得了什么病?”护士出于一种职业习惯，隐瞒了病人的实际病情。有些人确实太好奇，便找到了这个人的病历，并发现自己的朋友得了乙肝，根本不是酒精肝。

这个人的病历信息被泄露了，泄露之后许多人都知道他得了乙肝。这群人里面有为数不少的“谈乙肝色变”的人，他们故意躲着他，甚至在他出院之后减少了与他的正常交往。后来，这个人得知自己的实际病情被泄露了，他非常失落。

现实中，这样的故事非常多。比如，国外某疾病预防控制中心的人员不小心泄露了艾滋病病毒感染者的相关信息，最后导致一名艾滋病病毒感染者割腕自杀。许多人得了病之后并不想让他人知道，尤其是得了一些被“特殊看待”的疾病。如果医院或者相关医疗部门泄露了病人的相关信息，是触犯泄露个人信息罪和泄露个人隐私罪的。许多医院都在绞尽脑汁建立一个新系统来储存、管理病人病历。

区块链是一个去中心化的账本，这个账本不仅适用于记账，而且适用于记录各类信息。如果医院采用了区块链技术，会带来怎样的变化呢?

从隐私保护的角度去分析，区块链技术比互联网技术先进。虽然用互联网技术制作的管理软件已经很不错了，但是它依旧需要一个主系统进行运行，如果这个主系统被破坏，就会导致病人的信息被大量泄露。区块链技术平台则不会因为某个节点被攻击而导致所有的数据流失；况且，攻击一个区块链节点所付出的代价过高，黑客一般不会选择攻击区块链。另外，区块链的账本或档案是加密的，只有被授权的人才能打开。有人说：“互联网技术也可以进行加密啊，为什么依然不如区块链技术安全呢?”相比较而言，区块链的这种“公钥 + 私钥”的双层加密方式更加难以破译，而互联网技术下的密码被破译的可能性更大。

除此以外，区块链技术还能在其他方面发挥作用。比如，医院可以与病人签署一份治疗协议，并将该治疗协议智能合约化。医生给病人治病，每完成智能合约中的某个条款的规定后，病人就自动交款。这种方法也会减少医患矛盾。国外有一些医院开始将区块链技术应用在病人健康数据管理方面。有一位资深区块链专家认为：“区块链技术不仅可以提升医院的管理水平，而且能够帮助医院建立一套完善的、不可删除的数据库，这个数据库可以辅助医生进行诊疗。”区块链与医院的结合并不是天方夜谭，而是具有极大的合作价值和广阔的应用前景的。

10. 区块链消除腐败

有人问："世界上可以建立一个没有犯罪的国度吗?"以目前的情况来看，完全不可能。犯罪恐怕无法被完全消灭，只能想办法去控制。比如，制定法律法规，借助法律法规来控制犯罪率，通过法律惩罚的措施来规范人的行为。法律有用吗？当然有用。如果没有法律，犯罪率就会很高。完善法律能杜绝犯罪吗？当然不能。

有些人明知会触犯法律，还是会做违法的事。比如有些人当了官，手里有了权力，自己的欲望随之不断增加，于是这些人开始滥用权力，比如以权谋财，或者以权谋色等。

如今，许多国家正在考虑运用区块链技术丰富并提升反腐手段。因为区块链技术所具备的去中心化、信息不可更改、信息公开透明、可溯源查询等特点，可以帮助政府建立一个阳光的、透明的、高效的、廉洁的职能环境。因此，区块链技术能够在以下四个方面帮助政府抑制腐败的发生。

（1）增加透明度。

区块链技术平台上的一切信息都是透明的，所有人都能够看到。如果政府在区块链技术平台上办公，所处理的每一项工作都会被完整地记录在区块链上。比如，有一个人失业了，想要领取失业金，于是他拿着相关材料、证件去失业保险处办理相关业务。只要该业务是在区块链上办理的，所有的业务流程、业务进度、办理人姓名都会被记录在区块链上。因此，区块链系统将大大增加政府服务的透明度，以便广大人民监督。

（2）减少决策环节。

许多腐败是由决策环节太多造成的。例如，某城市土地局被牵出一串腐败人员，这些人员官位不等，负责的项目也不同，有办事员，有科长，有处长，也有局长。后来，人们发现，这条贪污链就是因为决策环节过多导致的。一块地，需要经过层层审批才能被批下来，办事员写申请，科长审核，处长签字，最后局长签字。这些环节，都会滋生腐败。有一些人虽然官职不高，但是直接与企业接触，具备“吃拿卡要”的条件。区块链技术可以减少这样的中间决策环节，区块链的智能合约技术可以代替部分人员的工作。

（3）追寻资金流向。

导致腐败的原因还有一个：部门资金流向不透明。如今，还有一些组织、企业、部门存在资金不公开等现象。如果某部门有这样一笔钱，这笔钱并不是公开的，可能用于部门项目投资，或者福利发放等，就是这样一笔钱非常容易被某些利欲熏心的人挪用。想要解决这个问题，就需要公开资金的流向并登记所有的备用资金现状。区块链技术可以让每一笔账都有明确的流向，并且能被一笔一笔地追踪。这个方法也可以预防挪用公款等现象的发生。

（4）共享政府信息。

如今，许多政府部门都能够做到信息共享，不管是招标信息还是部门录用人员信息。当然，能否做到无私心地全面公开，还是一个未知数。区块链技术虽然不能改变人的本性，但可以构建这样一个信息共享的平台。

政府如果能应用区块链技术，并且将区块链技术落到实处，将会大大提高政府的职能，并预防腐败等违法犯罪现象的发生。

11. 区块链与股票交易

有一个叫阿伟的人，他的许多朋友都在炒股。于是朋友们劝他："阿伟，你也炒股吧。每天只需要看看大盘，你就能赚到许多钱！"最初，阿伟对炒股并不感兴趣，久而久之，就被朋友们说得动了心。于是，他拿出了3万元以小散户的身份杀入了股市。

阿伟进股市的时机不好，恰恰赶上股价大跌。阿伟3万元的股票，一个星期之后变成了2.2万元。阿伟非常着急，问朋友："一上来就赔了8000元，下一步我该怎么做?"朋友们劝阿伟："继续耐心等待，说不定过几天大盘就涨上去了。"但是这一等就是半年多。阿伟解套之后，像朋友那样炒短线。炒短线就是玩短时间内的"价格差"，当天进、当天出都是有可能的。阿伟慢慢找到了炒短线的规律，并开始赚到一点儿钱。但是阿伟还是有些生气，他说："过户费、结算费……乱七八糟的费用至少有几十元！如果除去这一部分费用，几乎赚不到钱！"另外，股市清算、结算的速度也实在是太"感人"了。阿伟说："有时候看上一只股票，但是结算迟迟出不来，无奈之下，只能往里面补钱。原本只是小打小闹，如今却买了7万元的股票。"股票交易结算耗时这一问题，也被许多人诟病。有人抱怨道："难道交易结算速度就不能提升一下吗?"

阿伟炒股3年，一共购买了7万元的股票。炒股给自己带来了不少烦心事。后来，阿伟趁着"牛市"的机会，把所有的股票都卖了。之后，他再也没有买过股票。

许多人喜欢买股票，但是对股票交易的环节有意见，意见主要集中在结算速度、交易费用等几个问题上。如果将区块链技术与股票交易相结合，区块链技术能解决股票交易中存在的以下几个问题。

（1）区块链可以减少人力环节的工作。

传统的股票交易市场的交易结算等环节，都是中心化的处理环节，这些环节严重依赖于人。换句话说，股票交易市场的结算中心要对股民的交易账单一笔一笔地核实。如果出了错，就会影响股票交易市场的名声和口碑。区块链技术可以减少中心化的交易环节，从而提高核实速度，继而提高工作效率。

（2）区块链可以降低各项交易费用。

股票交易过程中的各项费用是怎么产生的呢？很简单，只要某个结算环节存在中介，就产生中介费用，中介越多，产生的费用也就越高。股票交易市场有时会把部分配套工作外包出去，由其他公司来完成。区块链技术可以消灭中介，从而降低股票交易的各项费用。

（3）区块链可以降低员工的出错率。

传统股票交易中的各个环节的信息审核工作，通常是由人完成的。我们知道，在某些方面，人确实不如电脑，因为人会因疲劳、马虎而出错，但是机器不容易出类似的错误。区块链技术自然具备验证的功能，这个功能可以被运用到股票交易的信息审核方面，从而降低员工的出错率。

（4）区块链可以减少道德风险的发生率。

在股票交易市场里，有一些人会为了谋取利益铤而走险。如果这一些人是股票交易市场里的内部员工，就会因道德问题而给股民带来损失。很显然，区块链技术在取代中介、取代人的环节中，已经大大降低了道德风险的发生率。

（5）区块链可以大大提高股票交易的结算速度。

区块链技术既然能够帮助股票交易市场提高服务效率，提高股票交易的结算速度也就变成了现实。股票交易市场提高股票交易的结算速度能留住更多的老股民，同时还能吸引更多的新股民。

（6）区块链可以提高股票交易的安全性。

区块链技术是加密技术，区块链技术平台上的加密保护能力要比传统的技术平台上的加密保护能力更强，因此区块链技术可以对原有的股票交易系统进行升级，从而提高股票交易的安全性。

如今，区块链技术与股票交易市场的合作并不是什么新鲜事了。比如，美国著名的纳斯达克股票交易市场采取区块链技术开发了一个名为 Nasdap Linq 的交易平台和名为 Proxy Voting（代理股票）的股票代理投票系统。或许未来有一天，区块链与股票交易还会有更加深入的“合作”。

12. 区块链防止选举腐败

为了体现民主选举的特点，选出能够代表人们共同心声的领导干部和优秀员工，大多数部门、组织、企业都采取民主投票制。不管是选干部还是选优秀员工，投票制都能体现民主和公平，也能体现选民的基本投票权利。但是，有些人在投票方面进行暗箱操作，实在是令人不齿，比如下面这个故事。

王家屯村正在举行村党委书记（简称村支书）选举，凡是年满 18 周岁的人都享有投票权，投票时间为 10 天。竞选村支书的有

2 个人，1 个是回乡大学生王桂山，另 1 个是村里颇有名望的、混凝土公司的老板王明耀。这 2 个人势均力敌，身后都有自己的支持者。

王桂山作为回乡大学生，在做村干部期间，尽职尽责，为村民做了许多实事。他虽然物质财富不多，但是非常有想法，也有建设社会主义新农村的热情；王明耀是一个霸气十足的商人，曾经给村里修了路，在村里也是相当有势力的人。投票开始之后，王桂山非常冷静，坐等投票结果。与王桂山不同的是，王明耀似乎对竞选村支书更加重视，为了拉票，他可谓费尽了心思。

王明耀采取了三种拉票方式。第一种是用钱买票。王明耀很有钱，于是他以一票 200 元的价格买票，选民只要选他，他就给选民 200 元。王家屯一共有 857 个选民，王明耀几乎将所有选民都“贿赂”了一遍，这也确实取得了不错的效果。第二种是用承诺的方式拉选票，王明耀对村民说：“只要你们选我，我就不会忘记你们，到时候给你们特殊优惠”。当然，这种方法也是管用的。对于那些不选他的选民，他有时候会采取恐吓等手段。第三种是暗箱操作。为了当选村支书，在唱票环节，他花钱买通了唱票人。最后王明耀以 87% 的得票率成功当选王家屯村新一届村支书。

这个结果能代表选民的真实意愿吗？肯定不能。这完全是一场不公平、不民主的选举。王明耀当选村支书，是腐败的结果。现实中，这样的选举案例还有很多，似乎难以避免。为了避免这样的投票，许多部门、组织选择电子投票的方式。电子投票，就是在互联网上进行投票。这样的投票方式非常多见，比如微信公众号投票等。但是，这样的投票能够体现民主吗？有一个企业搞劳模评选活动，采取微信公众号电子投票方式。我们知道，每一个微信号只能投一票，这样的微信投票看似很公平。实际情况却不像我们想象的那样。参加劳模竞选的员工为了拉票，费尽心思。有些人用多个手机号注册了许多微信投票小号，然后用这些小号为自己投票。有一位参加劳模竞选的员工，在投票结束之前狂增200多票，一举反超了所有的人。有一个知道内情的员工说："他花钱买选票了。"言外之意是，这种微信投票的方式也是不靠谱的。为了解决选举方面的问题，有人建议引入区块链技术。

区块链技术架构的投票系统有以下三大优势。

一是区块链技术提供的投票环境是一个透明、干净的投票环境，所有的投票过程都会被记录下来，每一个投票人的投票信息以及身份信息等都会被公示出来。换句话说，区块链提供的投票环境，类似于一种现场投票环境。众所周知，现场投票是一种能够预防暗箱操作的投票方式。

二是区块链技术提供的投票是一个能核实身份的投票。也就是说，一个身份经过核实之后，只能投一票，不能多投票。许多人为了多投票，同时注册多个身份，因此也就可以"一票多投"。比如互联网上的投票，一个人拥有多个身份是常有的现象。区块链技术可以对身份进行核实，因而也就能控制一个人的身份数量，从而防止"一票多投"现象的发生。

三是区块链技术在唱票环节能避免暗箱操作。我们都知道，许多选举的唱票环节是没有"公开"的，即使"公开"也可以现场造假。区块链技术不需要人为唱票，而是交给程序处理。区块链程序唱票，不仅可以防止现场造假，而且唱票的结果更加准确，唱票更加高效。

虽然区块链技术在投票方面有强大的功能，但是并不能解决所有的投票问题。有一位学者表示："投票是项遵循内心的工作，投票人不应该受其他方面（贿赂、威胁、恐吓）的影响，否则任何技术都无法避免道德问题引起的无效选票。"区块链技术只能提供技术，而不能改变人心。

13. 区块链与大数据强强联合

大数据并不是一个数据，而是海量数据的集合。这些海量的数据能发挥什么作用呢？这些数据如果没有经过分类、分析等处理的话，就是毫无价值的；但是，如果经过分类、分析等处理，这些数据就会产生巨大的价值。

数据相当于原料，也相当于一种资源，互联网时代，所有的信息都是以数据形式存在的。人们如果能够找到一种大数据处理的技术，也就能够把数据搞明白，并且把数据潜在的价值挖掘出来。比如，处理大数据的常规技术有数据挖掘、分布式处理、云计算、大规模并行处理技术等。人们常常将大数据和云计算放在一起，间接说明大数据经过处理和计算之后才具有更高的价值。阿里巴巴董事局主席马云甚至把大数据、云计算和物联网比作未来经济发展的"三驾马车"，而未来世界将是数据的世界。

大数据与区块链能够发生怎样的碰撞呢？我们都知道，大数据是数据的集合，区块链是一个账本，是一个链状的数据结构，可以对各种数据进行加工、储存等。比如，区块链中的共识机制能够让区块链系统中的关于"交易"或者"交流"的数据建立起有效联系。只有建立起有效联系的数据，才能成为有价值或者有效的数据组合。

国外有一家网上商城非常有趣，它是一个区块链商城。人们在这个商城购物，与在其他商城购物不太一样，需要用现金兑换该商城的积分，然后用该商城的积分去购物。大多数人都知道，网上商城后台的管理和运作就是对各种数据的管理和处理。各种各样的商品信息都是以数据的形式存在的。如果商城引进一个产品，这个产品的所有信息都是通过数据处理的方式进行添加、修改的。这个网上商城采取的是“大数据＋区块链”的数据处理技术。

一个组织或者企业，在处理大数据的过程中会过分依赖某个大型计算机处理中心。大部分组织或企业都有自己的信息中心，信息中心由专门的工作人员去维护。如果信息中心被黑客或病毒入侵，恐怕整个系统都将面临瘫痪。也就是说，信息中心出了问题，所有的数据处理工作将无法进行。区块链是分布式计算的，因此它可以将所有的数据处理分摊给每一个节点，即使某一个节点出了问题，也不会影响全局。因此，区块链技术处理数据本身就具有一种天然优势。

但是有人提出质疑：“大数据与区块链根本不是一码事。大数据的数据集足够大，而区块链能处理的数据集是非常小的，二者根本不属于同一个等量级；大数据处理的数据是非结构化的数据，区块链处理的数据是结构化的数据；区块链本身就是一个数据库，大数据并不是一个数据库，而是一个数据处理技术。”由此可见，区块链与大数据是完全不同的两种东西。在大数据中使用区块链技术有意义吗？当然有意义。如果在大数据中采用区块链技术，就可以让数据不被任意删除，并为大数据处理提供一个更透明、可查询的环境。另外，区块链可以为数据加盖时间戳，让数据更加真实可信。

虽然大数据与区块链是两种不同的技术，但是二者都与数据相关，二者相结合，可以让大数据的预测分析落实到行动上，让大数据技术更加完善、强大。

14. 区块链碰撞旅游业

随着人们物质生活水平的提高，旅游行业的前景一片光明。如今，全国上下有无数个旅游公司和旅行社，这些旅游公司和旅行社代表了整个旅游行业的整体形象。旅游行业虽然有了长足的发展，但是依旧存在很多问题。

王女士非常喜欢旅游。一次，她与女儿在某旅行社报名参加了一个名为“七彩云南”的双飞6日游团，每个人的团费是3580元。这个旅行团属于“纯玩团”，签订的合同中也有相关规定。上飞机之前，王女士特意向导游确定此事：“导游，我们这个团是纯玩团，没有购物项目吧?”导游用肯定的语气说：“合同中都写了，是纯玩团，不进店，不强制消费。”

到了云南之后，云南地陪把这个旅行团接了过去，并向游客们介绍道：“我叫小陈，云南境内的旅游景点将由我带领大家参观。”第二天，游客们参观完滇池之后，便被地陪带到了一个翡翠城。当时，王女士非常疑惑，便问地陪：“小陈，我们是纯玩团，怎么还要进店啊!”地陪的解释是：“是这样的，凡是来我们云南的，都有这样的项目。您来云南难道就不买一点纪念品什么的吗?您若不买可以休息一下，不强制消费。”既然已经来了，王女士只能忍着。

2天以后，地陪又带着旅行团进了一家普洱茶工厂，而这家普洱茶工厂也不在旅行范围之内。当时，许多游客都很生气，质问地陪："怎么又要购物了？你也太不讲信用了！"地陪选择沉默，但是依旧带领着游客在这家普洱茶工厂停留了1个小时。旅行结束之后，王女士在返回的飞机上问导游："不是说不进购物店吗？你们也太不讲信用了！"导游却表现出一脸无奈："我们这边确实是这样要求的，但是云南那边没有协调好！而且他们没有强制消费，对大家没有造成很大的影响。"

王女士的这种遭遇，简直太常见了。为了解决这样的问题，有专家提出："为何不将区块链技术运用到旅游行业呢？说不定因此就能解决这样的问题了。"于是，有人设计了如下场景。

旅行公司采用区块链技术，并要求所有的加盟网点都采用这个新平台。游客选好出行地点和出行方案后，就可以通过区块链平台进行签约，并缴费。旅游合同也采用智能合约的形式，这个智能合同可以说是这个新平台的灵魂。智能合同规定每天的出行地点和出行线路，并明文规定导游和游客的相关权利和义务。如果第一天的旅游事宜圆满完成，第一天的旅游款项将被自动打入旅行公司的账户里，如果旅行公司第一天就出现了违约行为，那么旅行公司就收不到相应的旅游款项。换句话说，"智能合同"充当了一个中介，只有完成合同规定的所有项目，合同才算完成。因此，智能合同可以最大限度地确保游客的利益。

除了这个场景，区块链技术带来的最大优势是消灭了旅游中间商。王女士选择的旅行社是一家旅游中间商。旅游中间商只负责接受报名与收费，然后组织成团；旅行团正式成立之后，便将其外包给另一家旅行社带队旅行。比如，王女士向旅游中间商交了3580元的团费，旅游中间商扣除中介费之后，将其承包给云南的旅行社。用一个资深导游的话来解释就是："我不管游客与中间商如何签合同，我只考虑我自己的利益。如果中间商给我的承包费用较高，我就可以做无消费的纯玩游；如果中间商给我的承包费用较低，我做无消费的纯玩游就会赔本。试问一下，赔本的生意谁会做?"如果没有了旅游中间商，王女士就会把团费直接交给云南的旅行社，云南的旅行社拿到较高的费用之后，自然就能提供更加周到的旅游服务。事实上，旅游中间商从中赚走了相当高比例的中介费，这个中介费约占总团费的30%。区块链技术消除旅游中间商，或许并不能降低旅游团费，但能提升旅游服务的质量。

当然，区块链技术还可以被运用到与旅游相关的其他行业，如航空、餐饮、住宿等。区块链技术能够打造全新的旅游平台，给游客带来全新的旅游体验。

15. 区块链联网能源行业

能源是一个国家的命脉，有效保障能源的供应与运输，才能维持社会安定和民生幸福。如果没有电，人们将生活在漆黑之中；如果没有水，企业会停产；如果没有天然气，许多家庭做饭、烧水将会成为问题；如果没有煤炭，冶金、发电、供暖将出现问题；等等。国家建立能源互联网就是为了科学调用能源、节省能源，从而进一步坚持可持续发展的能源战略。

能源互联网（Energy Internet）就是人们采取先进的电力电子技术、信息技术和智能管理技术等，将大量的分布式能量（包括石油、天然气、煤炭、光伏电能等）采集装置、分布式能量储存装置和各种类型的负载进行联网，从而实现能源的自由、双向交换和网络共享。这样做的目的，主要是提高资源的利用率，减少资源浪费，科学调配、布局能源，从而应对能源危机。

众所周知，能源危机是全世界、全人类都面临的难题。煤炭、石油等不可再生资源早晚有一天会被开采完毕。因此，人们想到了“新能源”，用“新能源”代替“传统能源”。有人问：“新能源真的能够做到吗？”事实上，是完全可以实现的。比如水力发电、风力发电、太阳能发电、核电等可以逐渐代替火电，世界上已经有成功的案例；比如太阳能取暖、电力取暖、燃气取暖等代替传统煤电取暖；比如大力发展生物石油来代替传统石油，或者开发电动汽车等来代替传统能源汽车。美国有一个科技宅男，他安装了八块光伏板用来发电，不仅能够解决日常生活用电问题，甚至还可以将多余的电储存起来。随着新能源技术的不断突破，加上新能源网络的建立，各个国家都有信心应对能源危机。那么区块链技术能不能被应用到能源网络中呢？用一位业内人士的话来说就是：“区块链技术在能源领域大有可为！”

区块链技术如何应用到能源领域中呢？它又能起到怎样的作用呢？例如某光伏能源公司拥有一套分布式光伏发电系统，这套系统由无数个光伏板和储电装置组成，然后再集中到一个中心控制单元里。众所周知，光伏发电是一个“靠天吃饭”的行业。太阳光照充足，产生并采集的能源也就多；如果赶上连续阴天，能源将不足。除此以外，光伏发电通常只能白天工作，即使是白天不同时间段的发电也是不同的。比如早晨 9 点与中午 12 点的发电状态是不同的，下午 2 点与下午 5 点的发电状态是不同的。因此，这个公司引入了区块链技术，让区块链技术建立一套区块链能源管理、销售网络。因为区块链技术也是分布式计算的，在这点上恰恰与分布式光伏发电系统是不谋而合的。因此，该光伏能源公司选择区块链技术比选择互联网技术的效果好很多。区块链技术可以实现各个节点的独立，而且又能将各个节点有机地统一起来，形成一个双向互动的网，并且还能够帮助该公司在最恰当的时间将光伏电出售给电网公司，从而实现增值。

当然，上面仅仅只是一个案例介绍，区块链在能源网中还能起到更多的作用。比如，区块链能够将广泛分布于各地的能源网点串联起来。有人问："能源管理难道也要去中心化吗？去中心化的能源网难道不会乱套吗？"区块链作为一项辅助性技术，并不一定让整个能源网去中心化，而是让广泛分布在各地的能源网点的联系更加紧密，而且每一个网点都可以在"自治"的情况下保持独立，这种独立可以提高各个网点的工作效率，而且还能够减少"中间环节"带来的能源损耗。

传统能源网络还存在一个问题，就是分布式能源在管理方面遇到的难题。分布式能源之所以难管，原因在于网点过于分散，而中心化的管理似乎难以触及各个角落，最终采取一种"任命承包制"，然后再进行统一管理。比如，某大型能源公司为了防止分公司出现腐败现象，专门委派监督人员进行监督，各个分公司的管理者进行轮岗。有一位管理者说："这是一个笨办法，但是没有聪明办法。"区块链技术就能够很好地解决这个问题，它能够用链的方式将各个分公司联系起来，形成一张加链的能源网。在这样一个"互联网 + 区块链"的新能源网络里，管理效果不但没被减弱，反而被增强了。

我们可以将区块链与能源的结合看作"互联网 + 能源"的升级版。而"能源 + 互联网 + 区块链"似乎更能完善能源网，并且能够解决当前能源管理所遭遇的种种难题。

16. 区块链创新共享经济

互联网时代出现了许多新生事物，其中的“共享经济”概念不得不提。有人说：“共享经济不是一个新概念，20 世纪 70 年代就已经有人提到了。”共享经济就是全民公平享有社会资源的一种经济模式，从而能够减少社会资源的浪费，增加社会总福利。共享经济的概念由美国得克萨斯州立大学社会学教授马科斯·费尔逊和伊利诺伊大学社会学教授琼·斯潘思共同提出。共享经济需要借助一个第三方的技术平台才能够实现。这个概念虽然很早就被提了出来，但是碍于信息技术的落后，共享经济迟迟没有发展起来。直到 2000 年以后，互联网技术有了新突破，共享经济才有了发展。

非互联网时代也有共享经济：跳蚤市场。什么是跳蚤市场呢？跳蚤市场就是旧货市场，也就是二手货市场。在这样的市场中，人们将自己的闲置物品标价出售。美国有一个退休老太太，她常常拿着自己的闲置物品去跳蚤市场出售，其中包括使用过但保存完好的手袋、没有磨损的相框、三流画家的油画作品以及仍然能使用的二手家具。这位老太太说：“虽然这些东西对我而言是毫无用处了，但是其他人或许可以拿来一用，而我的售价也仅仅是新货的 20%。比如，一个新奢侈品手袋的价格是 650 美元，而我只卖 130 美元。”在欧美国家，跳蚤市场一直非常活跃。只不过这样的跳蚤市场是管理松散的“自由市场”，交易双方得不到任何保障。

互联网时代的跳蚤市场则要规范多了。互联网时代有第三方提供的“线上商城”，人们可以在线上商城进行二手商品的交易，比如闲鱼。

闲鱼市场的创始人谌伟业认为："真正的共享经济应该是社区，只有社区才能真正让闲置资源流动起来。闲鱼是一个社区，很多人说阿里巴巴擅长做电商、做市场。我们觉得闲鱼一定是社区。我们用社区聚集上亿人，最后形成一个闲置资源高效流通的繁荣社区。"闲鱼社区给共享经济提供了一个"练兵场"，在这个练兵场里，人人都可以分享自己的"闲余"资产，然后出售自己的"闲余"资产。闲鱼是用互联网技术构建的。然而，共享经济在为生活带来诸多便利的同时，也引发了一系列问题，如共享经济网络中服务提供者诚信的缺失等。那么，如何解决这些问题呢？一个可行的方案就是将区块链技术引入共享经济中。区块链技术可以给共享经济带来以下三个好处。

（1）提高可信度。

互联网环境下的信任是怎么来的呢？以闲鱼为例，所有的交易都由支付宝做"信用中介"，如果是直接付款给买家的话，恐怕很多买家是不敢买二手货的。区块链的技术是去中介、去信任的，它依赖智能合约提供的信任。区块链去信任的目的是提高可信度。只有人们相互信任，社区内的闲置资产才能高速流动起来。

（2）人人平等。

在区块链技术平台中，买家和卖家都是平等的。当然，互联网技术平台中也可以实现买家与卖家之间的公平交易。区块链技术平台比互联网技术平台更有优势。在区块链交易社区里，买家和卖家都是其中的一个节点，这些节点都是平等的。只有在这样的平等的市场环境下，共享经济才是有效的共享经济；如果买家与卖家之间的关系是不平等的，共享经济也就是无效的共享经济。很显然，区块链技术可以提供这样一个人人平等的交易环境。

（3）资源丰富。

在区块链技术平台上，人人都可以分享自己的资源信息，比如二手货及教育资源、医疗资源等。另外，区块链技术平台自带奖励机制。一个人分享得越多，可能得到的奖励和回报也就越多。有一位业内人士说："闲鱼市场上的闲置资源非常丰富，资源越丰富，这样的市场才能越活跃。"共享经济是一个活跃的资源市场下的经济，区块链技术可以对每一个节点用户进行鼓励和奖励，让他们分享更多的资源。

如今，共享经济已经成为主流经济模式，而区块链技术能够与共享经济有效结合。有助于实现真正的分享与共享。

17. 区块链助推普惠金融发展

如今，大多数商业银行都在做普惠金融业务。什么是普惠金融呢？简单说，普惠金融就是以可负担的成本为有金融服务需求的社会各阶层和群体提供适当、有效的金融服务，它所服务的对象主要是城镇低收入人群、小微企业、农民等弱势群体。众所周知，商业领域里有一个"二八定律"，即20%的大客户能完成公司80%的任务量。因此商业银行就会向大客户倾斜，如商业银行客户经理对待大客户和普通客户的态度截然不同。在激烈的市场竞争面前，许多商业银行已经意识到了这个问题：大客户要做，普惠金融也要做。一位银行行长说："普惠金融是体现商业银行良知的一件事！商业银行是服务大众的，不应只服务于某个阶层。"

普惠金融不是扶贫，而是造血。要打赢扶贫攻坚战，需要普惠金融，它的目的不只是赚钱，而且是帮助更多人融入社会，找到谋生或者发家致富之路。在我国，普惠金融在创新方面呈现出四个新特点。《中国普惠金融创新报告（2018）》指出这四个新特点是：“产品和服务日益丰富；参与主体更加多元化；数字普惠金融发展迅速，并有可能成为未来发展的主流；普惠金融商业模式不断创新，可持续得到极大改善。”在当前的发展情况下，普惠金融的科技突破与技术创新是推动互联网金融发展的重要途径。

有一个农民，他的手非常巧，总是能设计出一些新奇的小玩意。尤其是他用藤条编织的工艺品，游客争相购买。于是他有了一个想法：开一家小型的藤条工艺品厂。于是，他开始筹划，并把工艺品厂的规划方案都做了出来，全家人也都支持他这样做。但是开工艺品厂需要10万元。这样一笔资金对于大多数城市居民而言并不算多，但是对于一个务农的农民而言，就是一个天文数字。他想要实现开工厂的梦想，只有两条路可走：第一条路是借钱，第二条路是贷款。这个农民说：“我身边没有有钱人，不是穷亲戚就是穷邻居，挨家挨户去借钱，一辈子也凑不够10万元。我只能去银行看看，希望银行能贷款给我。”

于是他跑去银行咨询，咨询之后他的心凉了半截。他说：“银行贷款需要抵押物，我拿不出相应价值的抵押物，看来，我的这个梦要破灭了！”他陆陆续续跑了多家银行，得到的答复几乎是一样的。后来，有一家商业银行的负责人决定去他家看看，顺便评估一下他的手艺是否具有市场价值。幸运的是，这家商业银行的负责人非常看好这个项目，他主动为这位农民充当担保人，帮助其贷款。这个农民拿到贷款之后，迅速开工建厂。经过5年的发展，这个农民不仅早早就还上了贷款，而且把自己的工艺品厂经营成拥有员工40人、年产值达300万元的公司。

从这个故事中我们发现，商业银行在风险控制方面非常严谨，申请人没有抵押物，无法提供有说服力的信用证明，银行就不会随便发放贷款。正因如此，商业银行在做普惠金融工作时面临着非常大的考验。因此，有人提到了区块链，并论证了区块链与普惠金融之间的关系。事实上，区块链技术可以助推普惠金融发展。

首先，区块链技术平台可以帮助商业银行挖掘客户的信用信息。区块链技术平台是一个数据库和交易平台。凡是在这个网络进行交易或者选择服务的人，都会留下不可删除的相关记录，这些记录就包含一个人的信用信息。商业银行可以通过区块链技术获取并挖掘客户的信用信息，这样的一项工作对开展普惠金融工作十分有帮助。

其次，区块链技术可以解决难以解决的信用难题。智能合约是一个非常有价值的电子契约。这个电子契约可以充当商业银行与客户的中间人的角色。例如，商业银行与客户签订智能合约似的“贷款协议”，然后为客户放款。在客户按时还款的情况下，“贷款协议”就会处于有效状态；如果客户没有按时还款，“贷款协议”将自动停止贷款的发放并启动相应的惩罚措施，督促客户在规定期限内完成还款。

最后，区块链技术可以提供一个更加透明的监督环境。商业银行放款与客户收款、还款，所有的信息都会被公布在区块链平台上，且这样的信息不可删除和更改。这样的环境有利于第三方的监督，不论是商业银行一方还是客户一方，都必须遵守合约。

除此以外，区块链技术还可以帮助商业银行加快普及普惠金融，并提高普惠金融工作的效率。区块链技术还可以有效防止道德风险，从而实现客户增信、银行增值。

18. 区块链融入公证、拍卖行业

几年前，一个年轻人因为找工作的原因需要提供一份“无犯罪记录证明”。这样的证明通常需要去公证处开具。于是，他来到公证处向公证处的人员说：“您好，因为工作原因我需要开一份‘无犯罪记录证明’。”公证处的公证人员说：“可以，但你需要提供这些证件！”说着，公证人员向年轻人出示了一份文件，文件写明了办理“无犯罪记录证明”的具体步骤和方法。

这个年轻人没有携带相关的证件，于是按照文件上的规定去准备证件。这个年轻人说：“准备这些证件太麻烦了，要去许多地方找相关证件，如果能在网上直接办理就好了！”3 天之后，这个年轻人带着各种各样的证件来到公证处，最终将“无犯罪记录证明”办理完毕。

现实中，人们都有可能遇到这种情况，比如办理“出生证明”“在读证明”等，办理这些证明一般都需要携带各种各样的证件。如果遗漏了某一个证件，就需要再跑一趟。如果公证处没有信息联网系统的支持，公证人员就必须严格按照相关标准去审核证件，缺少一个证件都不能开具证明。这样的做法，其实是一种负责任的做法。某城市公证处的公证人员说：“其实我们也不想这么麻烦。如果有一套公证系统的话，只需要提供身份证号就可以把全部资料查询出来，这样办理起来也就简单多了。”因此，这样一个公证系统呼之欲出，并有了“区块链 + 公证”的尝试。

佛山禅城区公证处将公证服务工作纳入“智信城市”计划中。这个“智信城市”计划就是区块链技术构建的综合信息服务平台，可以提供一站式服务，公民办理相关公证业务，不再需要来回跑腿。

有一位女士，也因为工作原因需要开具一份“无犯罪记录证明”。如果没有这一平台，恐怕她也要像那个年轻人一样来回跑腿。因为禅城区公证处引入了“区块链办理平台”，办理流程就简单多了。她拿出手机通过 IMI 身份认证平台，点开禅城公证处的公众号申请线上办理，然后按照信息提示输入需要的相关个人信息，支付相关的办理费用后，便进入了等待环节。不到 1 小时，这位女士就拿到了“无犯罪记录证明”。拿到“无犯罪记录证明”之后，这位女士感慨道：“禅城公证处引进这样的平台太有意义了，不再需要我们跑来跑去了。”与此同时，另外一位办理相关业务的男士也发表了一下看法：“办理这样的业务，确实需要这样一套系统。不仅方便了我们，也给公证处的工作人员减轻了工作负担。”

据佛山禅城区某工作人员介绍，开具“无犯罪记录证明”这项公证业务只是 13 项公证业务之一，这些业务也叫“1 小时出证”业务，而且所有业务能够实现“无纸化”和“零跑腿”，不仅节约了耗材，而且大大提高了办事效率。据该部门统计，自从公证处加入“智信城市”计划之后，仅“1 小时出证”业务就办理了 1400 多件。由此可见，佛山禅城区的区块链应用项目是非常有实用价值的。

区块链技术不仅可以与公证进行结合，还可以与拍卖行业进行结合。随着人们物质生活水平的提高，许多人爱上了拍卖，希望通过拍卖艺术品来实现自己收藏与投资的需求。但是艺术品拍卖市场非常乱，艺术品的真伪鉴定问题也阻碍了这个行业的进一步发展。不过如今，已经有拍卖行引进区块链技术，并对参加拍卖的每一件艺术品进行鉴定、登记。参加艺术品拍卖的客户可以直接登录区块链拍卖平台详细了解艺术品的所有信息，整个拍卖交易也是在“智能合约”的帮助下进行的，而“智能合约”可以对艺术品的交易环节进行严格把关。除此以外，区块链技术还可以帮助艺术品鉴定师提高艺术品的鉴定精确度，并因此提升艺术品鉴定师的业务水平。

总之，区块链技术类似于一个“万金油”技术，能够与许多行业进行结合，并展现出强大的实用功能。

19. 区块链改变环保行业

如今，人们越来越重视环保，环保是人类的主流课题之一。人类只有一个地球，地球也是人类唯一的家园。环保行业是一个有潜力的行业，而且是一个需要高科技参与的行业。

众所周知，垃圾的分类和处理是非常有讲究的：并不是所有的垃圾都是“垃圾”，有的垃圾可以回收再利用；不能利用的垃圾还需要进行辨证分析，然后采取合理的方法去处理，从而防止这类垃圾造成二次污染。比如，我们常常看到分类垃圾箱，这类垃圾箱直接标注什么是可回收垃圾、什么是不可回收垃圾。如果人们养成了良好的丢垃圾习惯，就会给环境保护贡献一分力量。

垃圾处理是一项高成本的工程，不仅要对垃圾进行分类，而且要对垃圾的流向进行监督和管控。比如，某垃圾清运公司负责将垃圾运输到垃圾坟场，在垃圾坟场还需要对垃圾进行分类：对于可回收的垃圾，通过渠道将其打包营销出去；对于不可回收的垃圾需要压缩、打包、填埋。对于不可回收的垃圾，一定要科学、慎重地处理，如果处理不当，就会造成环境污染。但是处理这类垃圾，需要耗费巨大的成本。有一些公司为了省钱而选择别的方式，比如某些垃圾清运公司直接将生活垃圾倾倒在某一条河的河谷，对这条河流造成了严重污染。为什么会造成这种结果呢？相关部门监管不力是一方面的原因，公司谋取私利是另一方面的原因。有一位业内人士说："如果能够给环保'上链'，就能解决诸多方面的问题。"

（1）区块链技术可以让危险废弃物管理入账。

许多人关心危险废弃物的处理，这一类废弃物不仅对环境造成影响，甚至会给人的身体健康带来严重的、直接的危害。对于这类危险废弃物，不仅要分类，更要将其管理入账。采取区块链技术平台进行记录，人们就可以共同监督这类废弃物的来源、去向以及最终的处理方式。区块链记账的最大特点是不可更改、删除，可见，区块链技术平台能解决危险废弃物管理难、登记难、追踪难的问题。

（2）区块链技术可以让环保处理信息更加透明。

产生垃圾的企业需要在公开、透明的环境下处理自己的垃圾。如果监督管理环境是不透明的，就有可能造成严重的问题。比如，某化工企业为了节约成本，没有按规定处理排放物，而是打深井或者隧道进行"地下排污"。如果环保部门有独立的区块链平台，所有的排放污染物的企业接入这一平台，形成一张环保区块链网络，环保部门就能对这些企业进行直接监督，并提供一个透明的、健康的管理监督环境。

（3）区块链技术能够解决"治污"问题。

"治污"问题是环保行业的重要问题之一，如果能够解决"治污"

问题，环保问题也就解决80%了。环保部门可以与污染物排放企业和垃圾处理企业签约，签约选择区块链“智能合约”的方式。如果这类企业的“治污”工作达到了“智能合约”的要求，环保部门就会下发环保补贴或者给予其他方面的奖励、支持；如果这类企业没有把“治污”工作做到位，环保部门就通过“智能合约”启动惩罚措施，比如扣罚“环保保证金”等。因此，区块链技术能够很好地解决“治污”问题，并且提高环保部门的工作完成质量。

区块链技术与环保行业的结合，也是当前的一个热议话题，许多国家的有关部门都在研究“区块链+环保”的可能性。在第二十二届大气污染防治技术研讨会上，国家环境保护污染源监控工程技术中心推出了“大气110”平台，这个环境监测平台采取的就是区块链技术。由此可见，区块链技术可以在环保领域发光发热，继而满足国家在环保治理、监控等方面的需求。

20. 区块链碰撞电子发票

经济社会离不开发票，发票不仅是一种业务凭证，而且是税务机关执行检查职能的重要依据。比如，有人购买了一部手机，交付手机的时候，商家会向这个人提供发票，这个发票就是“销售证明”，凭借这张发票，这个人可以享受到一些服务，比如在保修期内免费维修手机、7日内更换手机等。如果丢了发票，消费者的相关权益也就跟着丢了。

此时有人说：“为什么不利用区块链技术开具发票呢?”事实上，这样的想法是非常好的。众所周知，区块链技术具有许多优点，它不仅可以提供“真假”鉴定，而且能够从源头上控制“造假”的可能性。与此同时，区块链技术还能够提供溯源、查询的功能，而且开具的发票不得更改、不得删除。另外，它还非常利于税务部门进行核实。就在前段时间，人们的这个想法已经变成了现实。

全国首张区块链电子发票落地深圳。深圳国贸旋转餐厅开出了全国首张区块链电子发票，而区块链开具发票也得到了深圳税务机关和市政府的认可。深圳市税务局局长张国钧认为，区块链电子发票既是一次税企双方通力合作、资源互补的积极探索，也是一次打造“科技创新+”纳税服务现代化方案的创新实践，双方将促进“互联网+”前沿技术与税务行业的深度融合，引领税收科技创新的方向，更快实现新技术向税务生产力的高效转化。

与此同时，一个名为“税链”的电子发票区块链平台在广州黄埔区“上线”。其中广州燃气集团有限公司通过税务机关的授权而加入“税链”，成为该平台上的第一个会员。也就是说，广州燃气集团有限公司也会成为第一家“区块链开发票”的合法企业。该公司的副总经理李俊认为：“企业每个月开具的电子发票超700万份，需要安排专人跟踪发票的流向，现在工作量可以大幅减少了。”

区块链与电子发票的碰撞，也解决了传统电子发票面临的问题。比如，传统电子发票可以随时打印，打印出来之后能够通过图像处理技术进行篡改。如果有一些企业、个人想要做假账，完全可以采用这样的办法。区块链技术可以防止这类“造假”，因为区块链技术具有不可删除的特点，这也让“造假”无路可走。

如今，许多国家都在研究“区块链+电子发票”或者“区块链+税务”，希望借助区块链技术提供“一站式”的简化机构。比如荷兰的一家区块链增值税系统开发公司在为欧盟的一些国家提供相关的技术指导服务，或许不久的将来，区块链增值税系统将会落地。截至发稿前，国内有一个名为“随手票”的自助式智能开票辅助软件也将上线。如果“随手票”能够与政府机构进行联手，或许能够提供更好的服务。换句话说，区块链与电子发票的碰撞并非天方夜谭，而且能够擦出美丽的火花。